佐々木常夫

部下を定時に帰す仕事術

「最短距離」で「成果」を出すリーダーの知恵

Sasaki Pocket Series

WAVE出版

部下を定時に帰す仕事術

「最短距離」で「成果」を出すリーダーの知恵

はじめに

世界経済が大きく変動しています。

日々、状況は変わり、先行きは不透明さを増すばかりです。そんななか、企業が生き残るためには、環境変化にいち早く対応できなければなりません。当然、私たちの仕事のやり方も抜本的に見直していかなければならないでしょう。

そのためには、社員一人ひとりの努力も必要ですが、それだけでは限界があります。なぜなら、個々人がどんなに頑張っても、チーム（組織）全体の仕事が非効率ならば意味がないからです。

つまり、組織のイノベーションも欠かせないのです。

では、こうした変革を実現する鍵を握っているのは誰でしょうか？

私は、課長クラスのリーダーだと考えています。というのは、課長は、部下の仕事に直接タッチしてコントロールできると同時に、課全体のマネジメントも行うことができる立場にあるからです。課員一人ひとりを指導して仕事のやり方を改善させながら、課の仕事全体をも変革することができるのです。

これは、私が課長時代に実行したことでもあります。

私の長男は自閉症という障害をもって生まれてきました。彼が引き起こす問題に対応するために、幾度となく学校へ行かなければなりませんでした。

また、妻は肝硬変のため何度も入院を余儀なくされ、しかも妻としての役目を果たしていないという自分への責めなどが原因でうつ病を併発してしまい、苦悩の日々の中、入退院を43回も繰り返すことになりました。

そのため、私は年子の3人の子どもの世話と妻の看病をしながら、会社勤めをする必要に迫られました。毎朝5時半に起き、年子の3人の子どもの朝食と弁当をつくり、定時より1時間早い8時に出社し、まなじりを決して仕事をし、子どもたちの夕食づくりのために、夕方6時に退社。休日は1週間分の掃除、洗濯、買い物をし、病院へ妻の見舞いに行きました。家庭と仕事を両立させるために、苦闘する毎日でした。

ただ、私はラッキーでもありました。というのは、妻が入院したのが、ちょうど課長になったときだったからです。私は、長時間労働が当たり前だった職場をどんどん改革していきました。会議を半分に減らし、継続することにした会議も、時間を従来の半分に圧縮し、資料は事前提出を義務付けるとともに簡潔な資料とさせました。また、それほど重要ではない業務を切り捨てたうえで、計画的な業務遂行を徹底させました。こうして、私も部下も、毎日夕方6時には会社を出ることができる体制をつくり上げていったのです。

このように築き上げてきた私の仕事術が、仕事のイノベーションを志す皆様の少しはお役に立てるのではないかと考えてペンを執ることにしました。

執筆の際に念頭に置いていたのは課長クラスの人たちです。チームの仕事全体をまるごと効率化するためにどうすればいいのかという視点で読んでいただけると幸いです。

本書は、いわゆる「ワーク・ライフ・バランス」を実現するための仕事処理技術として紹介されるかもしれません。しかし、私が体験してきたことは「ワーク・ライフ・バランス」などという生易しいことではありません。仕事も家庭も徹底的にマネジメントして、必死の思いでやり抜いてきました。

いわば、「ワーク・ライフ・マネジメント」とでもいうべきものなのです。

また、この「ワーク・ライフ・マネジメント」という言葉には、もう一つの意味も込めています。それは、社員個々人のワーク・ライフ・バランスを実現するためには、マネジメントが極めて重要だということです。社員が必死で仕事を効率的に進めても、リーダーの段取りが悪ければ台無しになりかねません。課長クラスの「ワーク・ライフ・マネジメント」の力量が問われているのです。


さて、本書では、「第1章　計画を先行させる『戦略的仕事術』」「第2章　時間を節約する『効率的仕事術』」「第3章　時間を増大させる『広角的仕事術』」の3つに分けて仕事術を紹介しています。「仕事術」というとすぐに「効率的に……」という発想になりがちですが、実はこれだけでは不十分だからです。

課長クラスの人が仕事全体を戦略的・計画的に仕切ることができれば、それだけで課員の仕事は格段に効率的になります。あるいは、上司や部下などといい関係を築くなど、広角的な視野をもつことによって仕事がスムースになるということも重要です。

また、第4章では「ワーク・ライフ・マネジメント」を支える「処世のコツ」も紹介しました。独断と偏見というそしりを受けるかもしれませんが、どれも私の長年の会社員生活のなかで培ってきたものです。きっと、参考にしていただけると思います。

第5章では、ワーク・ライフ・バランスが企業経営にどのような効用をもたらすものかをまとめました。言葉が独り歩きしている側面もあり、それがために日本の企業社会に健全なワーク・ライフ・バランスが定着していないきらいもあります。

ワーク・ライフ・バランスが企業と個人の双方の成長に貢献するものであることを、ひとりでも多くの方にご理解いただきたいと願っています。

私は、東レ㈱という化学会社に身を置いて、一つひとつの具体的な体験を通して仕事術を築き上げてきました。そのため、業種や職種が異なれば、必ずしも当てはまらないケースもあるでしょうが、万人に応用可能な仕事術も案外多いと思います。

本書が皆様のワーク・ライフ・バランスの実現の一助となれば望外の幸せです。

部下を定時に帰す仕事術●目次

はじめに

第1章 計画を先行させる「戦略的仕事術」

第2章 時間を節約する「効率的仕事術」

第4章 佐々木流「独断と偏見のアドバイス」

第5章 ワーク・ライフ・バランスが強い会社をつくる

＊この作品は、2009年2月25日に小社より発行された
『部下を定時に帰す「仕事術」』を改訂・改稿したものです。

［ブックデザイン・図版］奥定泰之
［DTP］NOAH
［校正］小倉優子
［編集］田中泰

第1章

計画を先行させる「戦略的仕事術」

仕事術①

「勝利の方程式」をつくる

▼甲子園常勝校には「方程式」がある

まず、はじめに言っておきたいことがあります。

それは、いい仕事をしたければ、「勝利の方程式」をつくり上げなさいということです。

甲子園の優勝校を見てください。大阪桐蔭、早稲田実業、駒大苫小牧など〝常連校〟がずらりと並んでいます。5000校もの高校が甲子園を目指しているなかで、どうして特定の高校がいつも活躍することができるのでしょうか。

そこに入学してくる新入生が、最初から他の高校の生徒と比較してかけ離れた実力があるとは思えません。そのような生徒たちが練習を積むうちに、甲子園で活躍できるような実力をつけるには「理由」があるはずです。

私は、監督やOBの指導力にその理由があると考えています。例えば、バントや盗塁などの技術を確実に身に付けさせる練習方法やスケジュールが確立されているのではないでしょうか。あるいは、生徒の個性を見出し伸ばす育成方法や、大試合でもあがらないメンタル面の訓練などが他校より優れているのではないでしょうか。生徒の力を最大限に引き出し、勝てるチームをつくり上げる「勝利への方程式」ができているからだと思うのです。

「勝利への方程式」は野球だけではなく、勉強にもあてはまります。

私は、大学時代に数学の苦手な高校2年の家庭教師を頼まれたことがあります。その子の実力を評価した後、私は中学1年から3年までの教科書をもう一度やり直させることにしました。そして、「数学の問題には答えに到るパターンがある。数学は、そのパターンを覚える暗記科目である」と教えて、そのパターンを繰り返し暗記させました。

中学の教科書を3か月で終え、次に高校1年の教科書を2か月かけて復習したのですが、この頃には彼は数学の問題を解く面白さにはまっていました。

「解答のパターンを覚える」という「勝利の方程式」の威力は絶大でした。そして、3学期。数学が苦手だった彼はついにクラスのトップに躍り出ることに成功しました。

これが彼の自信につながり、他の科目の成績も伸び、最終的には、本人も家族も思ってもみなかった慶応大学にストレートで合格してしまったのです。

彼の数学の成績が悪かったのは数学の能力がなかったからではありません。勉強の仕方あるいは教え方が不適切だったからです。

つまり、「勝利の方程式」がなかったからなのです。

▼あなたの「勝利への方程式」を確立しよう！

会社の業務も同じです。

仕事ができるかできないかは、**「能力の差」よりも「仕事のやり方」（＝「勝利の方程式」）の差が大きい**のです。少しくらいの能力の差は、考え抜く努力と工夫によって克服することができます。

私は、過去の自分の業務を通じて、成果に結びつける仕事のやり方を実証的に研究してきました。そして、仕事はこうすべきだという「仕事の進め方10か条」というものを課長に昇任したときに策定しました。その後、異動するたびにこの10か条を部下に提唱してきました。

10か条は、「計画主義」「重点主義」「効率主義」「フォローアップの徹底」などからなるものですが、要は「**すぐ仕事にかかるな。最短距離でゴールにたどりつくために、もっと頭を使え、考え抜け**」ということです。

そして、このことは、実は課長をはじめとする、部下をもって仕事をしている人こそが注意しなければならないことなのです。

まず第一に、最短距離で成果をあげる仕事のやり方を部下・後輩に教えていかなければならないということがあります。私が数学の苦手だった高校生に教えたように、仕事の「ツボ」を教えるのは上司・先輩の役割です。

そして、さらに重要なのは、課全体・チーム全体の仕事を効率化するのは課長・リーダーにしかできないということです。

部下が一生懸命、効率的な仕事に取り組んでいても、上司のダンドリが悪かったためにやり直しになったりしたらどうなるでしょう？　逆に部下のダンドリが多少悪くても、上司の仕切りが優れていればチーム全体の生産性を高めることは可能なのです。

仕事術❷

「戦略的計画立案」で業務を半減させる

▼業務の「ムダ」を洗い出す

私が課長に就任したのは1984年のことです。

このとき、一つの組織のリーダーとして、組織全体の効率化と仕事の質の向上を真剣に考えて、実行してやろうという気概をもっていました。

課長になる前は、自分なりに仕事の進め方についての一家言はあったものの、組織人としては、リーダーである当時の課長の指示に従わなくてはなりません。何度か仕事のやり方を巡って課長とぶつかることはありましたが、最後は「位」が上の課長に従わざるを得ませんでした。

当時、私が所属していた組織は、長時間労働が当たり前で、夕方以降の打合せも頻繁にありました。そのため、夕方、社員食堂で軽くうどんを食べたり、午後7時頃に近所のそば屋に出前を注文するなど腹ごしらえをして、午後9時すぎまで会社に残るという毎日でした。土曜日に課内会議を開くなど、しょっちゅう休日出勤もさせられました。

これが、私にはたまらなく嫌でした。

そのため、私が課長になって最初に手がけたのは、部下全員の過去1年間の業務のフォローアップと分析でした。**仕事の「ムダ」を徹底的に洗い出した**のです。

私の課は毎週、その週に自分が実行した仕事を「業務週報」という形で課長に提出する習慣があったので、それを活用しました。つまり、過去1年間の業務週報をもとに、縦列に「担当者名」、横列に「4月、5月……」と時系列に並べ、すべての担当者が1年間にどのような仕事をどの程度実行したのかを記入していったのです。

B4で4枚ほどの大きな表になりました。

その結果、面白い事実が浮き彫りになりました。

たいして重要でもない業務を3か月も続けていた人もいれば、重要な業務を3週間手掛けたあと中断していた人もいることがわかったのです。

そこで、それぞれの業務について本来どの程度の期間で終わらせるべきなのか、その**必**

要工数を設定していきました。

例えば、「たいして重要でもない業務を3か月も続けていた」という場合は、本来2週間で終わるべき仕事なので必要工数は0・5か月。「重要な業務を3週間手掛けたあと中断していた」という場合は、2か月かけてでも完成すべき仕事なので必要工数は2か月といった具合に、それぞれの業務の必要工数を判定していったのです。

そうして、課全員の必要工数を計算してみると、なんと実際に全員が投入した工数の40%でいいという結果が出ました。

ここでのポイントは、仕事に取り掛かる前に、「この仕事は2週間で済ませる」とか「3日で完成させる」といった具合に、その業務に費やすべき工数を明確にして計画的に取り組む必要があるということです。そして、その計画どおりに仕事を進めさえすれば、従来の半分以下の時間で仕事を終わらせることができるのです。**計画的に仕事をしないがために、多くのムダが発生していた**ということです。

これができれば、当然、残業なんかしなくても済むことになります。

計画も立てず、成り行きで仕事をしているからこそ、本来かけるべき時間をはるかに超

■仕事の「ムダ」洗い出しシート

業務分析

(22日間/月としてその業務に要した日数)

	4月	5月	6月	7月	
細見	・予算制度の改善 (5) ・'83年総費用実態分析 (7) ・製品クレームの実態 (4) ・製品系列別損益状況 (4) ● ●	・予算制度の改善 (4) ・情報システムの活用推進 (6) ・データ・ベース更新 (5) ・コード体系の見直し (5) ● ●			
山田	・本社費配賦方式の見直し (3) ・広告宣伝費分析 (4) ・研究開発費の実態 (8) ・月次計算制度の改善 (5) ● ●	・本社費配賦方式の見直し (4) ・旅費交通費・交際費の分析 (4) ・物流費10年間推移 (7) ・月次計算制度の改善 (5) ● ●			
永田					

えてしまうのです。

もう一つ発見したことがあります。「何のためにこんな仕事をしたのだろう？」という種類の業務が見つかったのです。そもそも、やる必要のない仕事だったということです。

そのような業務が発生した原因を探ると、**上司の指示のあいまいさ**だったり、**部下の思い込み**だったり、理由はさまざまでしたが、要するに、仕事を始める前に業務の趣旨などについてきちんと確認していないことにありました。ですから、まずやるべきことをきちんと明確に把握したうえで、計画的に進めることを徹底することにしました。

▼業務のプライオリティをつける

もちろん、仕事は始めてみなければその必要工数がわからないところはあります。

しかし、必要工数は〝完璧〟なものである必要はありません。「目安」としてでも設定することで、デッドライン（締め切り）が明確化されることによって、仕事を効率化させることに意味があるのです。それに、初めての業務でも一度やってしまえば、必要工数の精度は格段に上がるはずです。その積み重ねによって、このシステムはどんどん機能するようになっていくのです。

また、**必要工数を明確にすることで業務のプライオリティをつけやすくなる**ということも重要です。

例えば、必要工数2か月のAという業務、必要工数1か月のBという業務があるとします。Aのほうが重要な業務で、この2つの業務を2か月でやらなければなりません。つまり、重要なAの業務を10割の水準で遂行しようとするとBの業務は達成度ゼロになってしまうということです（ときには、このような決断も必要になります）。そこで、例えば、Aの仕事を7割の水準（2か月×0・7＝1・4か月）で、Bを6割の水準（1か月×0・6＝0・6か月）で遂行するという具合にプライオリティをつけていくわけです。

もしも、必要工数がなければどうなるでしょうか？

「とにかく、頑張ってやれ！」となると、長時間残業で社員が疲弊するか、どちらの仕事も中途半端に終わってしまうおそれが高いのではないでしょうか。

仕事量は多く、時間は限られています。

業務別にプライオリティを付け、重要度の低い仕事はやらないか、やるとしても達成度を6割とか8割とかの水準で完成させていかねばならないのです。

あるビジネス・コンサルタントの分析によれば、1年で達成できるつもりの仕事のうち半分を達成できた人は3割だということです。やろうとした仕事を完遂させることがどれほど難しいかということです。〝出たとこ勝負〟では絶対にうまくいきません。**プライオリティの高い仕事を選択し、自らデッドライン（締め切り）を決めて追い込んでいくこと**が欠かせないのです。

私はこのような作業を通じて、仕事を始める前に計画を立てて、事前に確認することがいかに重要であるかということを課全員に周知徹底させました。

そして、明確な「業務目標」と「業務計画」を提出させ、課長である私の承認を得たうえで仕事をスタートさせるようにしたのです。

▼中期展望から目標をブレークダウン

私は、ひとつの部署を除いて3年以上在籍したことはありませんし、むしろ3年経つと異動を希望したものでした。そのため、あるポジションについたら、**その職務に在籍して**

「中期展望」から「短期目標」に落とし込む

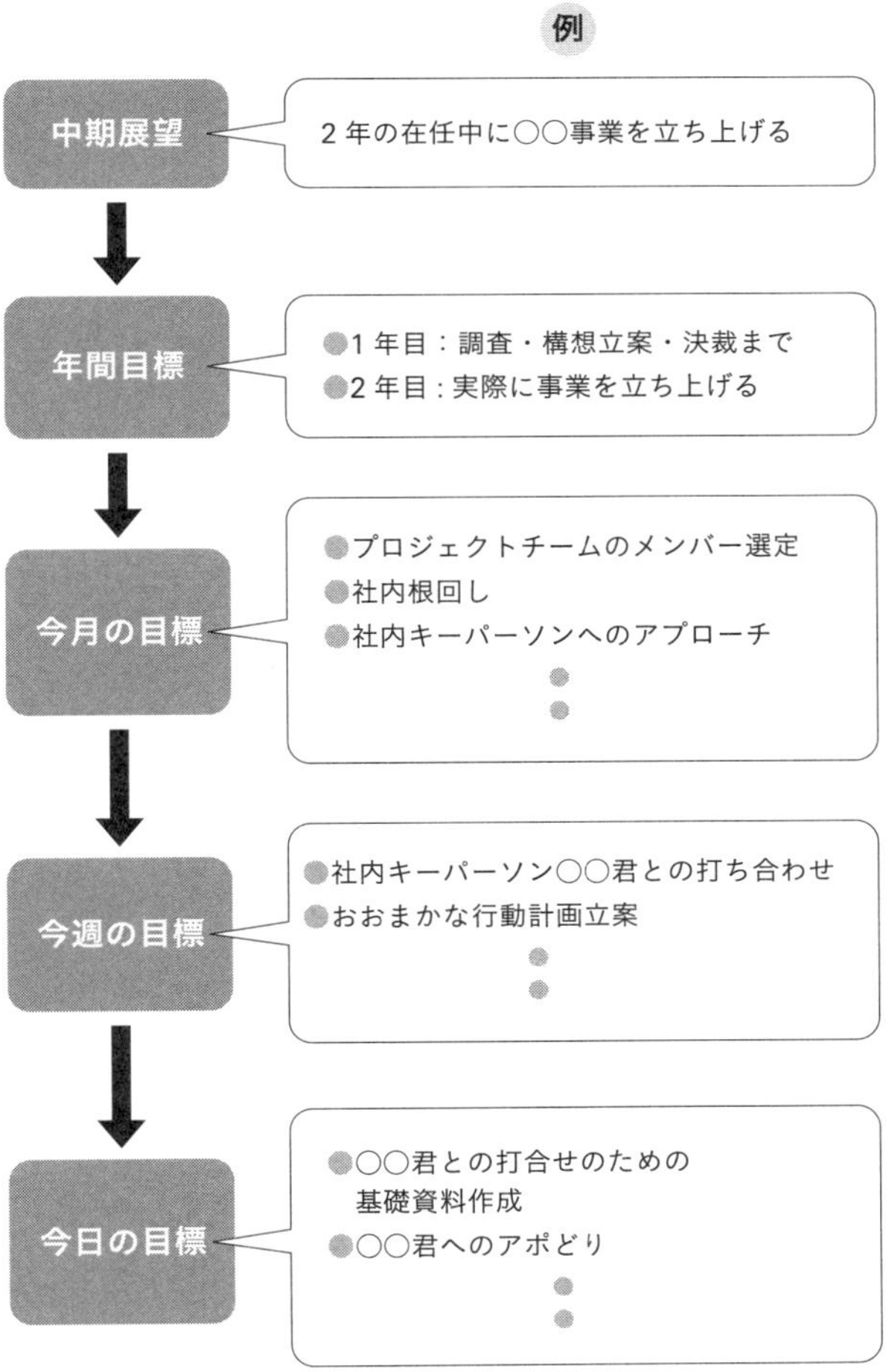

いる間に「最も重要な仕事として何を成すか」を自分なりに決めていました。

そのような中期の展望をはっきりさせたうえで、今年1年は何をするか、今月は、今週は、今日は……、と目標をブレークダウンしていくやり方をとっていたのです。

もちろん、計画通りには進行しないケースもありますから、その都度計画の修正は必要になります。しかし、計画性のない仕事のやり方はときに決定的に大きなロスが生ずることを覚悟しなくてはなりません。

私は「戦略的計画立案」は業務を半減させると信じています。

仕事術❸

仕事の「鳥瞰図」を描く——全体構想を描き出す

私が、中期計画や設備投資の発案書を策定するときに、いつも作成していた「全体構想図」をご紹介しましょう。

このような大きなプロジェクトの企画書を書くとき、私はB4（A3でもよい）の大きな紙を用意します。そして、4つのスペースに区分して、それぞれのスペースに資料1ページ分の情報を書き出すのです。資料の縮小版4ページ分を1枚の紙に貼り付けるようなイメージです。

例えば、設備投資の発案書ならスペース①に「本投資計画の狙い」「投資効果」（資料1ページ目）、スペース②に「事業の環境認識」「競争他社との比較」「当社の強み弱み」（資料2ページ目）、スペース③に「設備投資の概要」（資料3頁目）、スペース④に「生産販売計画」（資料4ページ目）といった具合に、4ページ分を1枚の紙に書き出すわけです。

このようにすると、全体で6～8ページで構成される資料が、B4（A3）用紙2枚にすべて入ることになります。いわば鳥瞰図ができ上がって、実に見晴らしがよく、**全体のストーリーが適切かどうかがよくわかってくる**のです。

それぞれのスペースに大まかな項目とキーワード、あるいは簡潔な文章を書き入れることによって、他の人が読んでも内容がわかるようにしておくと便利です。

それができ上がると、そのコンパクトな資料を使って、過去の優れた発案書や企画書と比較したり、検討チームのメンバーとディスカッションをしながら、全体構成を決定していくと効率的に仕事を進めることができます。

ついでに言うと、別添資料を付けるのであれば、何を資料として添付するかを作業に入る前に決めておくことをお奨めします。

例えば、

「1　本製品の世界および日本の市場規模とマーケットシェア」
「2　本製品の売上高・利益の実績と計画　損益分岐点」
「3　競争企業との比較」
「4　本投資計画の不安要因」

という資料を添付することを決めてしまうのです。

このようなスケルトンができ上がったら、あとは分担とスケジュール（デッドライン）を決めたらよいだけなので、作業が効率的に進みますし、チーム全体が情報を共有できる

■全体構想図の作成の例

米国におけるポリエステルフィルム増設について

1994・10・5
プラスチック事業本部長

1. 本投資計画の狙い

(1) 現在の当社ポリエステルフィルム事業は日本、マレーシア、アメリカの3拠点に合計○○万トンの設備を保有し、世界におけるマーケットシェアは△△%を占める
(2) 今般アメリカの子会社TPA社において更に1台増設することによって世界でのトップメーカーを果たしたい

2. 投資効果

(1) 投資分の利益は右の通り
(2) 投資回収期間は2年6ヶ月
(3) 実施後IIRは20%

3. 事業の環境認識

(1) 本製品の需要は5%／1年増加
(2)
(3)

4. 競争他社との比較

5. 当社の強み弱み

6. 設備投資の概要

(1) 投資額の内訳
(2) VA（設備費削減）効果の織込状況
(3) 工場レイアウト
(4) 工場要員計画

7. 生産販売計画

(1) 生産計画

単位：トン／年

	'94年	'95年	'96年	'97年	
既設 m/c					
新設 m/c					
計					

(2) 用途別販売計画

	'94年	'95年	'96年	'97年	
ビデオ用					
工業材料用 ：					
計					

というメリットも生まれます。

このような作業をするときに多くのムダが発生する原因は、「最終の姿」を決めずに、「あれもこれも」と場当たり的に資料を作成していってしまうことにあります。その結果、つないでみたら全体として整合性のない資料になってしまうことが多いからです。それでつくり直しなどということになったら、目も当てられません。

あるいは、資料が多すぎるということで、せっかく作ったペーパーを削除してしまったりすることもあります。結局、その資料をつくる作業がムダだったということです。

資料づくりも「計画的」であることが重要なのです。

仕事術❹

「不確実な仕事」はとりあえず始めてみる

仕事を始める前にしっかりした計画を立て、「どうしたら最短コースを走れるか」「誰に聞いたらよいか」「どんなことを調査したらよいか」などについて、十分考えてからスタートすることが重要です。

しかしながら、そうはいっても、前もってそのようなプランを立てることのできない〝難しいテーマ〟も存在します。そんなときは、事前に完璧なプランを立てようとするのではなく、**とりあえず始めてみる**のが正解です。

例えば、「我が社における高付加価値商品の現状と拡大策」というテーマが与えられたとしましょう。ところが、「自社の高付加価値商品が何を指すのか」「事業ごとにどのくらい高付加価値商品があるのか」「収益性はどうなっているのか」といった基礎的な資料が手元にはないと想定します。

このように全く見通しが立たないケースでは、まず、事業部ごとにこうしたテーマに詳しい人や技術関係者からヒアリングしたり、ウェブ上のデータを集めたりしなければなりません。そして、そうした作業を行うなかから、さらに調査しなければならない事項や、取り寄せなくてはならないデータがわかってくるものです。

このような場合に、事前に計画を立てるのはムリです。

そこで、とりあえず始めてみて、ある程度わかってきたところで計画を立てるほうがよいでしょう。とりあえず作業に手をつけてみることによって、このテーマに要するおおよその時間なり工数がわかってくるのです。

会社の仕事の多くはパターン化されていますので、テーマが与えられた時点でだいたいの計画を立てることができるものですが、こうしたパターン化された業務についても同じことがいえます。というのは、実際に始めてみると、事前に考えていたのとは異なる事態が発生することがあるからです。

そんなときは、すぐに軌道修正をしなければなりません。一度つくった計画を〝金科玉条〟のように扱うことに意味はありません。**計画は常に修正を重ねる**ことが重要です。大きな仕事になればなるほど、毎日毎週見直さなくてはならないのです。

仕事術❺

仕事の「好機」をとらえる

▼まず、トップが方向性を示す

私は、東レで中期計画を策定する仕事に何度も携わってきました。

そのなかで、「策定するタイミング」の重要性を痛感してきました。

東レの場合、中期計画をどのタイミングで策定するかは、それぞれの事業本部に任されているのですが、私は、どの事業本部でも同じようなスケジュールで対応しました。

すなわち、12月から1月にかけその事業の目指すべき方向について、私がつくったタタキ台（この時点では現場の意見は聞かず、私ひとりでつくります）をもとに、トップマネジメント層に議論してもらうというスケジュールをとっていました。

例えば、「事業ごとの問題点」「自社の強み・弱み」「経営資源の配分の考え方」「重要な技術課題」などの〝骨太の方針〟を1か月半の間に議論してもらうわけです。

この間は、ライン現場に作業をおろさないという点がミソです。

なぜなら、それは非効率だからです。この手の作業をいきなり現場におろして、個別に計画を策定させ、それを積み上げてからトップマネジメント層が全体について議論をするという組織が多いと思いますが、大きな方針をトップダウンで提示しておいてから、その方針に従って現場に作業させるほうがずっとスピードが上がります。

いきなり計画策定の仕事をおろされた現場にすれば、方向性もなにもないわけですから、どうしても手間と時間がかかってしまいます。ルーチンワークに加えてそうした仕事を押し付けておいて、「残業するな」といってもムリがあるでしょう。

▼タイミングをはずすと、仕事は停滞する

その後、1月末から3月にかけては予算編成の時期なので、予算メークに全力をあげることになります。

このタイミングで、12月から1月にかけ議論した中期の方針を受けて、現場に来年度予算の売上高、利益を策定してもらうついでに、2〜3年後の施策と数字(売上高・利益・

「中期計画」策定のスケジュール

	佐々木流ダンドリ	まずいダンドリ
12月	佐々木がつくったたたき台をもとにマネジメント層で「骨太の方針」を決定	来年の初め頃に完成しようかとスタート ↓ 全体方針が示されないまま、現場での積み上げ作業をやらせる
1月		**現場が混乱** ↓
2月	予算編成のタイミングで「骨太の方針」に基づいて、現場に ①来年度予算の売上高、利益策定 ②2～3年後の施策策定（中期計画） を指示する。	予算の時期と重なり残業増加 **業務が錯綜する**
3月		現場の積み上げを集計して議論をはじめるが ・全体の経営資源（要員、設備費など）が
予算編成終了		ふくらみすぎていて調整が必要 ・修正された経営資源をベースに再度現場の作業が始まる
4月	部門ごとの中期計画を取りまとめて中期計画を策定	
5月		・作業の長期化
6月	経営会議に上程・中期計画決定	
株主総会（役員交代）		
7月	中期計画実施へ	**役員交代のため、ゼロベースで作り直し** ↓ いつまでたっても「中期計画」ができず、現場は疲弊

設備投資など）も同時につくってもらうのです。トップが大きな方針を示していますから、現場もすばやく対応することができます。

そして、3月中旬に予算編成が終了するので、それから2か月かけて5月上旬までには中期計画を策定し、5月末か6月初の経営会議に上程するというスケジュールを組むわけです。

予算にからめて策定するこの方法はライン現場が中期計画策定に費やす時間を極小化できるし、翌年の予算をつくりながら3年計画をつくるのも非常に効率的です。

ここで注意しなければならないのは、「6月までには中期計画を経営会議へ上程しなければならない」ということです。

なぜなら、6月末の株主総会で担当役員が変更される可能性があるからです。もし、トップマネジメントが交代することになれば、新任の役員が「自分の目でもう一度中期計画をやり直したい」と言い出す可能性があり、スケジュールが延びるというリスクがあります。どのタイミングで経営会議に上程するかも決めずに、この種の作業を始めるとダラダラと何か月も続くことになりがちです。その結果、現場が消耗することになってしまうので注意が必要です。逆に**タイミングを意識したスケジュールを組む**ことによって仕事は極めて効率的になるのです。

▼タイミングが合えばピンチはチャンスになる

少し話の次元は違いますが、「事業構造の革新プラン」を策定するタイミングもよく考えなくてはなりません。

というのは、その事業なり会社が危機的な状況にあるとか、設備投資をするタイミングにあるといった節目のときに実行しなければ効果的ではないからです。

通常の何も起こっていないときに事業構造の革新を検討したところで、臨場感も危機感もありません。切羽詰まっていない分、たいした案は出てこないのです。

私の経験では、東レの繊維事業が赤字になったときとか、東レ全体の利益が大幅に落ち込んだときなどに策定・実行した「抜本的構造革新プラン」が極めて有効に機能しました。

タイミングさえ逃さなければ、ピンチこそチャンスなのです。

このように、仕事においてタイミングは極めて重要なのです。

仕事術❻

デッドラインを決める――実際のデッドラインの1週間前に設定

デッドライン（締め切り）を決めて遮二無二、自分や組織を追い込む手法は仕事の効率化に極めて有効です。

【仕事術❺】でお話した「中期計画策定のスケジュール」も極めてタイトなデッドライン設定になっています。

12月から大まかな議論をスタートさせ、1～3月にかけて予算を作成したあと、2か月の検討を経て、5月か6月に経営会議に提出するスケジュールでは、手の緩めようがありません。しかし、このように、仕事を始める前にデッドラインを決めておくのは非常に効き目があります。部の単位、課の単位で仕事をする場合には、それぞれの業務別・課題別に締め切りを設定し、その日までに仕上げるようにリーダーが追い込んでいくのです。

また、自分ひとりだけで仕事をする場合には、自分で締め切りを決めて自らを追い込んでいきます。

ここで気をつけなければならないのは、「いつ」をデッドラインに設定するかということです。これを間違えると大きなロスが発生する可能性があります。

実際の締め切りをデッドラインに設定してはいけません。常に、**実際の締め切りより少し早めに設定する**のです。

例えば、そこそこ大型の仕事の場合であれば、実際のデッドラインの1週間前、どんなに遅くとも3日前とするといった具合です。

なぜか？

それは、**「間際シンドロームの大損」**があるからです。〝間際での仕事〟にはロスが多いという意味です。例えば、締め切りギリギリで仕事を仕上げるつもりで進めていくと、深く調べなくてはならないことを適当にしてしまったり、誤字やあて字が多かったり、論旨が不明確になったりしがちです。どうしても、仕事の質が低下してしまうのです。

それに、手伝ってもらおうとアテにしていた人が出張でいなかったり、他の仕事が入ったりして協力してもらえず、慌てるなどということも起こります。

少し早めにデッドラインを設定しておくことによって、こうしたリスクを減少させることができるのです。

それだけではありません。もう一つ重要な理由があります。

それは、「**仕事は終わったところから始まる**」ということです。

「ああ、やっと仕事が完成した」と思って、しばらく放っておいた経験はないでしょうか？ そして、2～3日経ってから再度そのリポートを読み返してみると、また違ったアイデアや、もっとレベルの高い発想などを思いついたということはありませんでしたか？

つまり、仕事は2～3日寝かせておいて、再び見直すと新たな付加価値を付けることができる可能性があるということです。

このように、仕事のレベルの向上のためにも、デッドラインは少し早めに設定したほうがいいのです。

仕事術❼

2か月分のスケジュールを「見る」

——〝残された時間〟の7割は使えない

▼卓上カレンダーは2か月分並べる

多くの方が、机の上にはいつも、1か月分表示されている卓上カレンダーを置いていることと思います。

例えば、9月のカレンダーには、「10日　部長会」「15日　A社の経営改革企画書作成」「20日　障害者の会での講演」といった具合に、仕事やリポートの締め切り、イベントや行事の予定を書き込んでいくわけです。

こうして1か月分の予定を毎日「見る」ことによって、残された時間や必要なアクションを体感しておくのは、仕事の段取りをよくするために重要なことです。

というのは、大きなイベントや重要な報告書の締め切りの前にはできるだけ予定を入れないといったスケジュール調整をするには、やはり最低でも1か月分のスパンで考える必要があるからです。

手帳でもスケジュール管理はできますが、多くの手帳は残念ながら1～2週間しか見られないようになっていて、その先は〝ブラックボックス〟になってしまいます。最近は、何か月分も記入できる蛇腹式の手帳も発売されていますが、まだまだ主流とはいえません。

1か月分のスケジュールを一覧できる卓上カレンダーの優位性は変わらないと思います。ただ、私は1か月分の卓上カレンダーだけでは足りないと考えています。

実際、私の机の上には、9月のカレンダーのそばに、翌10月のカレンダーも並べており、そこにも予定を書きこんでいるのです。つまり、**2か月分のスケジュールを毎日「見る」**ことができるようにしているのです。経験上、ビジネスは2か月先を見通しながら進める必要があると考えているからです。

ぜひ、皆さんも実行してみてください。効果を実感されるはずです。

▼欠かせない**「時間予算」**の発想

さて、スケジュール管理で重要なのはここからです。

例えば、今日が水曜日だとして、来週の水曜日までに仕上げなくてはならない重要な企画書があったとします。その間、会議や出張の予定があって、〝残された時間〟つまり〝自分が使える時間〟はざっと10時間です。

しかしここで、「10時間あるなら大丈夫だ」と考えるのは大間違いです。**真に使える時間は30％**と見積もらなければなりません。この場合であれば、自分が使える時間は3時間と覚悟しなくてはなりません。

これは、いわば**「時間予算」**という考え方です。

なぜ持ち時間の30％なのでしょうか？

それは、突然の来客、上司からの呼び出し、社内外からの電話によって、〝自分の時間〟のだいたい70％は飛んでしまうものだからです。

ですから、私は、絶対に完成しなくてはならない仕事が控えている場合には、自分のスケジュールに**〝自分へのアポイント〟を入れる**ことにしています。つまり、来週の水曜日までにどうしても仕上げなくてはならない企画書があったら、スケジュールが空いている今週の金曜日の午後1時から3時まで〝自分へのアポイント〟を入れ、他の予定を入れないようブロックしてしまうのです（もちろん、卓上カレンダーに記入します）。

そして、その時間帯は、会議室へこもるなり、喫茶店に行くなりして、〝自分の時間〟を確保するのです。自席に座っていては、突然の訪問客などに対応しないわけにはいかないからです。

余談ですが、在宅勤務（テレワーク）の効果がある意味で抜群に大きいのは、この〝飛んでしまう70％〟のロスが生じないことです。

在宅勤務では、突然の来客や電話もありませんので、いわば誰からも邪魔されず（といっても家族や宅配便などの存在はありますが）、集中して仕事ができるからです。自己管理のできる人にはお奨めの働き方です。

私はかつて、どうしても完成させなければならない仕事があったとき、午前中は社外で用事があることにして、自宅でその仕事を完成させたものです。

仕事術❽

手帳は2冊を使い分ける

▼「大きな手帳」と「小さな手帳」

私は長年、大きな手帳と胸のポケットに入る小さな手帳の2つを併用してきました。大きな手帳は東レが社員用に作成しているもので、たいへん使いやすく、私は20年間この手帳を使用しています。

どこが便利かというと、まず手帳の一番前の部分に、1月から12月までそれぞれ1頁に1か月分のスケジュールが記入できるカレンダーがついていることです。パッと手帳を開くと、【仕事術❼】でご紹介した卓上カレンダーと同じように、2か月分のスケジュールを「見る」ことができます。これが意外と便利なのです。

それから、スケジュール管理とメモのスペースが別々になっているところも便利です。月別カレンダーの次に、2週間分のカレンダーが掲載されているのですが、そこにはメモのスペースはありません。カレンダーにはひたすらスケジュールを記入していくわけです。そして、2週間分のカレンダーの次にメモのスペースがあるのですが、ここには、会議のメモや人に会ったときのポイントなどを時系列に記していきます。

よくカレンダーの横にメモがついている手帳をみかけますが、その方式だとメモをあまり使用しない1週間、メモが多発する1週間などがバラバラになってしまうため効率が悪い。スケジュールはスケジュール、メモはメモとなっている方が便利だと思います。

なお、私の場合、この手帳の一番後の白紙のスペースに、自分の仕事に関連したデータを記入しています。例えば、「日本のGDPや国家予算の規模」「オイル価格」「ジニ係数」など覚えておくと便利な数字を記録しておくのです。

また、格言や気に入ったフレーズも書き記しています。例えば、「やってみせ、言って聞かせて、させてみて、褒めてやらねば人は動かじ」（山本五十六）とか「天の時、地の利、人の和」「起きて半畳寝て一畳、天下取っても二合半」などといった具合です。ついでに、感動した映画や本のタイトルや主人公の名前なども記入しています。

このように書き入れた内容を、電車に乗っているときや人を待っているときなど、**比較**

2冊の手帳

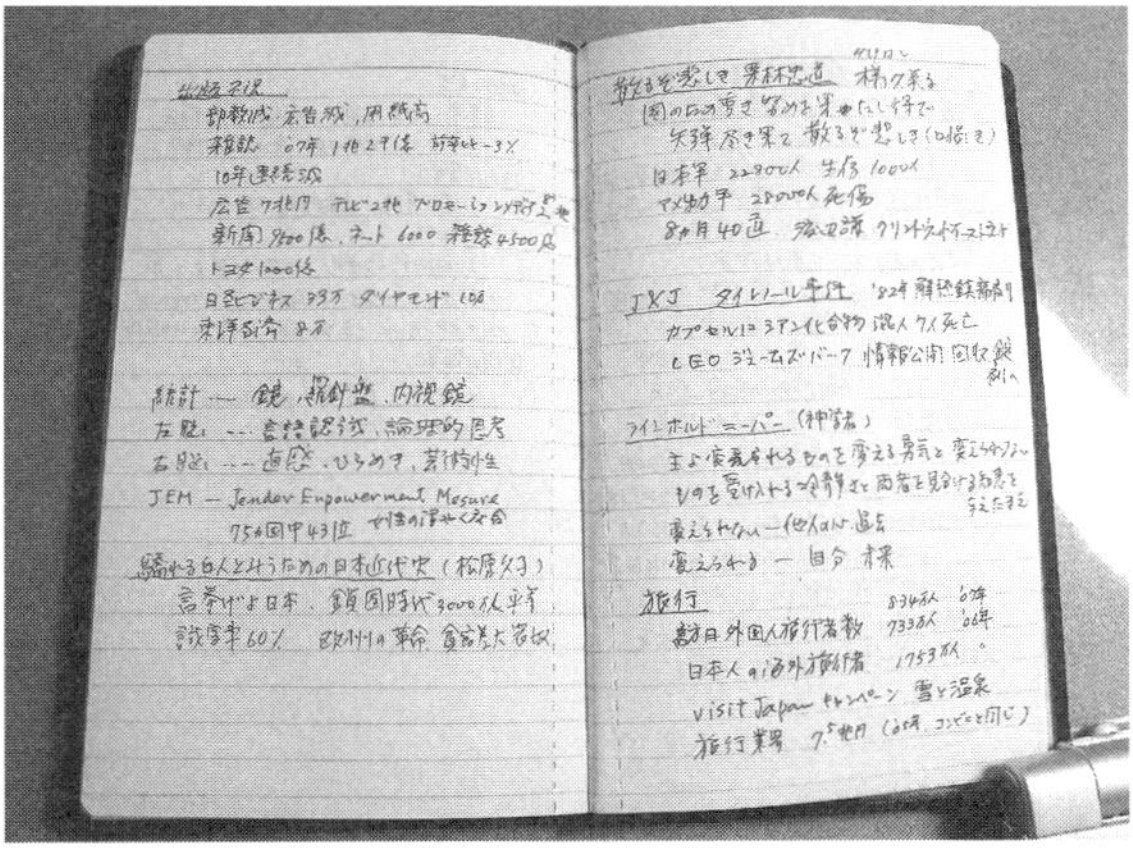

大きな手帳に記録している「暗記すべきデータ」

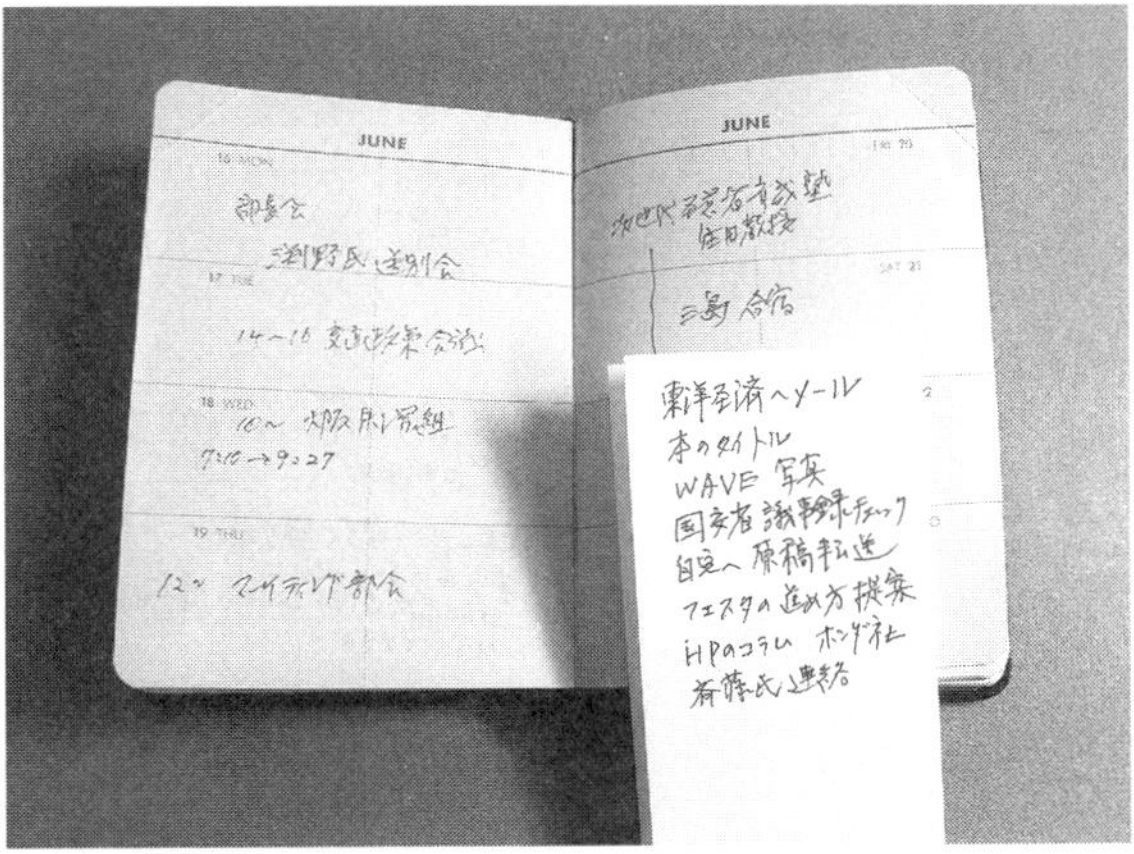

小さな手帳とメモ用紙

的時間のあるときに読み返して記憶していきます。それが、会議での発言や講演などで役に立つことがあるので、ぜひお試しいただきたいと思います。

▼常備手帳にメモ用紙を挟む

一方、小さな手帳ですが、これはYシャツの胸ポケットに入るサイズなので、いつも身に付けています。この手帳には、知人の電話番号や自分の銀行口座、クレジットカードの番号、大事な人の誕生日などを書いておきます。カレンダーのところには、人との待ち合わせ場所、電話番号などを記入します。もっとも、最近では電話番号は携帯に登録するのでほとんど書くことはなくなりましたが……。

ぜひ、お奨めしたいのは、この小さな手帳に小さな紙を挟んでおくことです。

この紙に、処理するべき案件、出さなければならないメール、急に思いついたいいアイデアなど、なんでも気がついたことを**どんどんメモしていく**のです。

昼間活動している間はもちろん、ベッドに入っても枕元にこの手帳を置いておきますので、まさに24時間すぐにメモすることができるわけです。私の場合、その挟んだ紙には1

日10件くらいのメモが書かれることになります。

次の日、会社に行ったらメモを机の上のメモ用紙に書き出します。

そして、処理が済んだ項目を二重線で消していきます。そのため、私の机の上には、やらなければならない項目と二重線で消された項目の混在したメモ用紙が、いつも2～3枚置いてあるという状態になります。これを毎日続けると、会議への出欠の返事を忘れるとか、約束した締め切りに間に合わないといったことはほとんどなくなります。

なお、手帳を2冊使うときには、スケジュール管理はどちらかに統一したほうがよいです。

私は以前、大きな手帳と小さな手帳の両方にスケジュールを記入していたのですが、どちらかに記入し忘れたりして、ダブルブッキングなどのミスが起きました。

そこで、あるときからこのやり方をやめ、スケジュール管理は大きい手帳だけにしました。アポイントなどは必ず大きい手帳に書くことを原則として、逆に、そこに書き込むまでは相手と約束しないようにしたのです。

また、**昨年の手帳と今年の手帳と2つの手帳を同時に持ち歩く**と何かと都合がいいです。

というのは、昨年の手帳をながめていると、その時期に何が起こるか、何がイベントとしてもたれるかといった予想がつくからです。

早めに準備に取り掛かることができるのでお奨めです。

仕事術❾

「思い込み」がムダのもと――必ず確認せよ！

ビジネスにおいて失敗のもととなるものの一つが「思い込み」です。

私も、「思い込み」のために何度か失敗したことがあります。例えば、上司から仕事の指示を受けたとき、よくその趣旨を確かめずに、「たぶん、こういうことだろう」と考えてしまうといったケースです。そのまま仕事を完成して上司に提出してから間違いに気付いて、結局やり直しをせざるを得なくなったりします。逆に、部下に仕事を頼んで、1週間経ってから、こちらの意図とは全く違う内容を報告してくることもありました。

仕事の背景や作業のやり方、その仕事に求められている精度などがすれ違ったまま仕事をするからこういうことが起こります。これは、大きな時間のムダです。

上司と部下の間での「思い込み」はまだ時間のムダというだけで済みますが、顧客との間の「思い込み」はさらに深刻な問題を発生させます。

私が営業部門にいたときのことですが、顧客のニーズと課題を十分確認しないまま行動する部下がいて、何度も顧客に迷惑をかけるということがありました。

どうも我々は、人の話に耳を傾けて「聞く」ことは得意ですが、相手に質問する「訊く」というのは苦手なようです。

しかし、「訊かない」ことによる損害は計り知れません。

自分勝手に「相手はきっとこう考えているはずだ」という思い込みは避け、当たり前だと思っても、**必ず相手に確認する**ことが大切です。

「当たり前」と思うときこそ、「思い込み」の可能性があるのです。

そして、できれば、作業が途中まで進んだときに、もう一度相手に確認するのがよいでしょう。その仕事が相手の思っている方向で進んでいるのかどうかをチェックしておけば、その次の作業がムダなく進められるという大きなメリットがあるからです。しかも、相手にとっても、その業務が現在どこまで進展しているかわかるという効果をもたらします。

「仕事を始める前に訊く」「仕事の途中で訊く」――。

これを実行するだけで仕事のムダは減らせます。

仕事術⑩

「在任中に何を成すか」を決める

ビジネスマンに転勤はつきものです。

そして、職場が変わるということは、その人の成長にとってはもちろんのこと、会社にとってもプラスになります。なぜなら、新しい職場に着任すると、以前そこで担当していた人とは違った発想で仕事に取り組むので付加価値が生まれることになるからです。

私は、東レで3年と同じ職場にいたことがありません。最初はポリエステルフィラメントという素材の生産販売管理業務、次がその予算編成や設備投資などの企画業務、その次がナイロン、そして倒産の危機にあった関連会社へ出向。戻ってきて繊維全体の企画管理業務、管理職になって繊維事業の再構築、社長スタッフとしての経営企画、営業課長。その次は、東レが新設した全社マーケティング企画室、次いでプラスチック企画管理部長、繊維企画管理部長、そして再び経営企画室の仕事というふうに。

たしかに企画・管理の仕事が中心ではありましたが、その都度対象となる製品や事業が変わったことで、自分の成長につながったし、また会社にも一定の貢献ができたと考えています。

このように3年も経たずに職場が変わるということがあったせいもあり、私はいつも着任したときに、**「その職場の在任中に何を成すべきか」という自分自身のミッション**を決めて、できるだけ早く達成する方策を考え、業務に臨む癖がついていきました。こうすることで、それぞれの職場における職責を、最大限に果たすことができたと考えています。

私が営業課長になったときのことを紹介しましょう。

1989年に、私は入社以来はじめて営業職に配属されました。漁網用とテグス（釣り糸）用に原材料を販売する部門の営業課長に就任したのです。当時、東レは漁網用の約50％のシェアを占めていました。漁網用は、圧倒的に強く収益性も良好でしたが、テグス用（釣り糸）はシェア20％強で成績も今ひとつでした。

テグス用が振るわない理由は流通経路にありました。当時の流通経路は、東レ→販売元（大問屋）→問屋→小売店という多段階の販売流通経路でした。そして、小売段階では、大きな建物にあらゆる釣り道具を販売する釣具大型量販店が台頭してきており、そのシェアは店の数で5％、ボリュームで60％を占めるという大変革が起こっていたのです。

私は着任と同時に、「この状況から考えて、在任中の最重要課題はテグスの流通経路の改革だ」と考えました。そして、「おそらく私の任期は2年だろうから、2年間でこのサプライチェーンを変革して、新流通ルートを構築しよう」と決めました。

つまり、2年というデッドラインを設定して自分を追い込み、遮二無二この改革を遂行していったのです。その結果、1年10か月で新しいサプライチェーンを構築することができました。その2か月後、私はまた別の部署に異動することになりましたので、まさにギリギリでこのプロジェクトは完成したということになります。

着任後すぐに2年で達成すべき大きなミッションを確定し、そこから逆算して個別の仕事の計画を立てて、実行していったからこそ実現できたのだと考えています。

仕事術⑪ 部下の昇格準備は1年前から

管理職にとって、自分の部下を昇格させられるかどうかは重要な課題です。部下本人にとって、これ以上関心のあるテーマはほとんどないと言っていいでしょう。

特に、自分の業績や能力にそこそこの自信をもっている部下の場合、**しかるべき昇格がされなければ、上司に対する信頼感は失墜**し、それ以後、お互いに仕事をしていくうえで大きな障害になる可能性があります。そのような障害がある状況で、効率的な仕事などできるはずもありません。

ですから、部下の昇格をきちんと実現することは仕事を効率化するために不可欠な仕事なのです。

昇格を成功させるには、**昇格審査の1年前からその準備をスタート**させなければなりません。なかには部下の昇格申請をしてから根回しを始める人もいますが、それでは完全に手遅れです。申請が出揃った段階で、トップ層はある程度の順位付けをはじめていますから、聞き入れてもらえる可能性はほとんどないからです。

さて、それでは、1年前からどのように動けばいいのでしょうか？

働きかけるのは、自分の上司（部下からみると「2段上の上司」）と人事部です。

まず、上司対策ですが、折に触れ、部下（ここではA君と呼びます）の業績をPRすることです。上司に業務報告をするときなどに、「実はこのアイデアはうちのA君が考え出したもので、彼にはこういうことを思いつく才能があるんです」とか、「今回のこのプロジェクトはほとんどA君が独力で成し遂げたのです」といった話を耳に入れることで、A

君の有能さをPRするのです。

次に人事部対策ですが、まず、日頃から人事部と接触する機会をもつようにしておくことが大事です。気軽に声をかけられる関係をつくっておかないと、部下の昇格の根回しをしようと思ってもムリだからです。

そのうえで、「課長に昇格できるのは私の部ではA君とB君だな」とか「まさかA君の昇格遅れはないよね」くらいの話をしておくと効果的です。

経営トップ層も人事部も、直属の上司である人間が褒める人を簡単には無視できませんし、何度も褒めていると「そういうものか」と納得してしまうものなのです。

とはいっても、もちろん、能力もなく業績も上げていない人を無理やり昇格させることはできません。ただ、「特別能力のある人」と「特別能力のない人」はごく少数です。ほとんどの人は、ほぼ〝ダンゴ状態〟にありますので、昇格のタイミングにいる部下については意識してその力をPRしてあげる必要があります。

「部下の昇格」も計画的に行うのがリーダーの知恵なのです。

第2章

時間を節約する「効率的仕事術」

何でも「一歩先の行動」を――「早寝・早起き・朝ごはん」

▼午前中で一日の仕事の半分をこなす

私は、自分がマネジメントする組織で「早寝・早起き・朝ごはん」というキャッチフレーズを掲げてきました。社員の子どもを健全に育てようという願いからです。

私には、昔から早寝早起きの習慣がありましたが、妻が急性肝炎で3年ほど入院したときにこの習慣がほぼ確定しました。なにしろ、子ども3人の世話を私ひとりですべて担わなければならなくなったのですから……。

起床は早朝5時半。家族の朝ごはんと弁当をつくってから出勤します。8時に出社し、課長職なので課員が出てくる9時までの間に、一日の自分と課員の仕事の分担、計画を立て、お昼までに一日の半分の業務をこなすつもりでダッシュ。夕方6時に退社します。

帰宅してからは、夕食をつくり、子どもをお風呂に入れ、宿題や翌日の準備をさせ、寝かしつけ、その後で持ち帰った仕事をするという目の回るような忙しさでした。そして、朝が早いので、私も11時少し前には寝ました。

正直、制約の多い生活でした。しかし、朝早く起きるといいことがたくさんあります。朝7時前には家を出るので、通勤の電車ではゆっくりと座れます。そのため、新聞を読んだあとに、若干の仕事をすることができます。出社しても、会社にはまだ人がいないので、9時過ぎまで誰にも邪魔されず、仕事に没頭することができます。

まず、皆が出社してくる前に、その日一日のさまざまなことを想定して先手で仕事の準備ができます。また、どうしても早く連絡をしなくてはならない相手に対しては、その人が出社してくる9時から9時半頃を見計らって電話を入れます。10時になってしまうと、相手が会議に入ったり、外出してつかまらないリスクがあるからです。

その結果、連絡をとらなくてはならない相手には9時半頃までにすべて連絡がとれ、あとはこちらのペースで仕事に向かうことができるのです。

そして、部下への指示・コミュニケーションは10時までには終わらせます。

このように段取りをつけると、その後正午までの2時間は自分の仕事に集中できます。私は、会議などがなければ、午前中に一日の仕事の半分近くをこなしていました。

▼昼食は11時50分に向かう

昼食も〝一歩先〟が重要です。

私は必ず12時10分前には皆を誘って会社を出ることにしています。12時前ならば、どの店も空いているので、自分たちの食べたい昼食にすぐありつけるからです。お店のほうも「今か今か」と客を待っている状態なので、オーダーすればすぐ目の前に食事が出てきます。食事中は、その日のニュースなどの話もしますが、昨日の会議の結果なども伝えます。いわば簡単なチームミーティングをするわけです。

食事が終わって席に戻るのが12時15分頃。皆はその辺でのんびり新聞や雑誌を読んだりしていますが、私はすぐ仕事に取り掛かります。昼休みが終わるまでの45分間を〝仕事タイム〟として活用するのです。

12時になってから昼食に出るとこうはいきません。

まず、エレベータがなかなか来ません。全社員がいっせいに乗ろうとするから当然です。お店も混んでいて、なかなか入ることができません。あまり長く待たされるということで他の店へ行くこともありますが、そのロスタイムも発生します。そんなこんなで、やっと食べ終わって会社に戻るともう1時近い……。

誰でも昼食は毎日とります。毎日毎日同じことの繰り返しなのに、なぜ12時のチャイムが鳴った後で出かけるという愚かなことを続けるのか私には理解できません。**少し早く行動することで30分〜40分も時間を稼ぐことができる**のです。

私は、夕方6時頃に会社を出るのですが、朝8時少し前から9時までの朝の能率の良い1時間とお昼休みの時間、合わせて2時間くらいは他の人より多く仕事をすることができます。言ってみれば、夜8時まで残業しているのと同じことなのです。

そして、この習慣を20年以上も続けているのですから、そうでない人よりも何千時間も得をしてきたことになります。

早起きするかしないかは、その人の体質とも相談しなくてはならないことで、強制はできません。しかし、早く起きると必ずいいことがあります。私の場合、早く起きる、犬の散歩をする、朝ごはんを6時半までに食べ終わる、昼食は12時前にとる、といったサイクルが体のなかにしみついていて、これを狂わせると体調が悪くなります。

あなたも、〝一歩先〟に動くリズムを身に付けてみてはいかがでしょうか。

仕事術⑬

「プアなイノベーション」より「優れたイミテーション」

私は、30代前半の頃に、倒産しかけた関連会社・一村産業へ3年ほど出向したことがあります。管理課長として、会社の不良債権の洗い出し、再建計画の立案、与信管理、予算制度や決裁権限制度の導入など、多忙な日々を送っていました。

限られた時間で山のような仕事をするあわただしい生活のなかで、私は知らず知らずのうちに〝最短コース〟を走るスキルを身に付けていったような気がします。3年ほどその会社にいて、その後、東レの繊維企画管理部に戻ってきました。

東レには、課長代理ではありましたが、一般社員として戻ってきました。また、〝肘付きなしのイス〟に逆戻りしたわけです。

さて、ここでお話したいのは、〝肘付きなしのイス〟に戻って私が最初にやったことです。実は、作業服に着替えて、その課の書庫の書類整理を始めたのです。

その書庫には、昭和30年頃からの経営会議や常務会の資料や、さまざまなプロジェクトの資料が所狭しと収納されていました。

私は毎日片っ端から資料を読み、不要と判断したものは捨て、残すべき資料はカテゴリー別に仕分けし重要度のランキングをつけて整理していきました。そして、それらすべてのリストを作成したのです。

私は毎日、朝から夕方まで書庫整理を行いました。着任早々、仕事もせず書庫に入り込んだまま出てこない私を皆不思議そうに見ていました。

ところが、この作業はたいへん興味深いものでした。なぜなら、長い間の先輩たちの労作というか歴史的仕事のたな卸しともいうべきものだったからです。まるで宝の山を見学させてもらったようでした。ときどき面白いリポートに出くわすと、整理を中断して読みふけったりしたものでした。

ようやく整理が終わって自席に着いたのは約3週間後のことです。待ってましたとばかりに、部長や課長から仕事の指示が飛んできました。

ここで、書庫整理が生きてきます。

なぜか？

会社の仕事の大半は同じことの繰り返し。ほとんどのテーマは、昔誰かが似たようなことにトライしているものです。つまり、書庫のなかに〝答え〟はあるのです。

例えば、「生産品種の合理化について」「繊維のSCMと取引先分析」「ポリエステルの増設について」などのようなテーマは先輩の誰かが何度も分析して、その優れた作品を書庫に残してくれています。

上司から指示されると、ファイルリストから似たようなテーマのファイルを見つけ出し、そのフォーマットを活用したり、その考え方を借用したりするのです。そして、最新のデータをインプットし、自分の知恵を付け加えて提出するわけです。

このようなやり方をすれば仕事は早くて出来がいいに決まっています。おそらく、すべて独力で考える人の半分以下の時間で仕事は完成するはずです。

会社の仕事は同じことの繰り返しであり、自分の出す知恵などたかが知れています。先輩の優れた作品をよく読み、あるいはそのことをよく知っている人に訊き、その優れた部分を学んで応用したらいいのです。

すなわち、「プアなイノベーションより優れたイミテーション」ということです。プアなイノベーションのために多くの時間をかけるのは誤りです。むしろ、**優れたイミテーションを積み重ねた先に、優れたイノベーションは生まれてくる**のです。

「凡を極めて非凡に至る」こそ仕事の奥義なのです。

仕事術⑭

仕事は〝その場〟で片付けろ――現場主義

リポートや議事録などの書類を「後でじっくり書き上げよう」といって、後回しにしていませんか？　それでは、効率的な仕事はできません。

私はスタッフの仕事が長かったため、経営会議などの事務局を数多くこなしてきましたが、その議事録は不十分でもよいから、とにかく**必ずその日のうちに書き上げる**ことにしていました。1日経つとそれだけ記憶が薄くなるので、精度も落ちるし、時間もかかってしまうからです。

プラスチック事業のグローバル化に取り組んでいたときの出張リポートも〝その場〟で片付けていました。この頃はとにかく忙しかった。なにしろ3年間で全世界で12件、約1000億円の設備投資を実行した時期です。毎月のように海外出張をし、毎月のように発案書を書いていました。そのような時期に、例えばニューヨークから日本へ戻る飛行機が離陸した後、1時間半で出張リポートを書き上げるわけです。しかも、体力に余力があれば、アメリカでのフィルム設備増設の発案書の骨子も書き上げてしまいます。

本当は疲れているのでお酒でも飲んで眠りたいところですが、そうすると日本へ帰ると全く手をつけられない状況になってしまいます。留守の間に溜まった1週間分の書類と部下の相談事、そして上司の指示が待っています。それに対応しているうちに、どんどん日は経っていきます。記憶も薄れ、出張リポートの品質は劣化していくのです。

こうしたやり方を私は「現場主義」と呼んでいます。**仕事は現場で片付けることがスピードアップにつながりますし、仕事の精度も高める**のです。

だから、私は何事も「現場主義」を貫いています。

大阪で会議をしたあと、東京へ戻る新幹線のなかで会議のポイントを簡単にメモする。来客があったり、打ち合わせをしたあと、次の仕事にとりかかる前にその内容を振り返ってメモを書く。会議が終わって自分の職場に戻ったら、その会議で議論されたテーマについてのメモ（もちろん会議の最中に書く）をコピーして、すぐ関係者を呼んで結論や指示を伝える、といった具合です。

自分だけではなく、部下にも「現場主義」を徹底させると、それだけで仕事はグンと効率的になります。

仕事術⑮

「拙速」を旨としろ

私のことを「手抜きの佐々木」と称した上司がいました。

これは当たっています。

私は、「事業分析」「重要な企画書」「中期計画」「大型の設備投資」などの重要案件については相当突っ込んだ検討をしますが、それほど重要ではない業務についてはさらっと分析して、上司に報告することがあったからです。

それで「手抜きの佐々木」となったわけですが、むしろ、「うまく手を抜く技術」こそが仕事をするうえでは重要です。だから、私はその上司一流の褒め言葉として受け取っています。

会社の仕事は山ほどあります。そして、すべての業務を完璧にするほどの時間はありません。であれば、仕事を一定の時間内で終わらせるためには、**それほど詰めなくてもいいテーマについては拙速でやるべき**なのです。

例えば、上司が「ある取引先を訪問するので、その会社の概要が欲しい」と言ったとしましょう。私ならば、その程度の作業は、部下かアシスタントを使ってせいぜい30分ですませるでしょう。

ホームページで検索し、会社概要をプリントアウトし、自分の会社との取引状況と面談する相手のプロフィールなどを調べる程度で事足りるのですから、それほど手間をかける必要はありません。

しかし、なかには、この程度の作業に自ら対応し、1時間以上もかけて完璧に（見栄えもよく）仕上げる人もいます。頼んでいるほうは、そこまで要求していないのにもかかわらずです。このような仕事は「手抜き」でいいから早く情報をあげるのがポイントです。

ここで大事なのは、指示を出した**相手が「何を望んでいるか」を確認する**ことです（仕事術❾参照）。

例えば、上司が「A社の5年間の売上高と営業利益を調べろ」と指示したとします。ところが、手持ちの資料のなかに5年間の時系列データはあるが、営業利益ではなく、経常利益の数値だったとします。このような場合、「とにかく言われたとおりにしなければならない」と、別の資料から営業利益を拾い出そうとする人がいます。

ちょっと待ってほしい。

ここで、指示内容を上司に確認すべきです。「営業利益の数値はすぐにはわかりませんが、経常利益のデータならすぐ報告できます。経常利益でもいいですか？」と訊けば、たいてい「それでいいよ」と言ってくれるはずです。上司が何を目的にそのデータを欲しているのかを推察すれば、そういう質問が出てくるはずです。そして、その要求に合わせた作業量にすれば仕事のムダを省くことができるのです。

物事の軽重を見極める力もビジネスの大事な能力なのです。

仕事術16

「口頭」より「文書」のほうが早い

あなたは、「文書で伝えるより、口頭で伝えたほうが早い」と思っていませんか？

私は、そうではないと思います。

もちろん些細なことは口頭のほうが早いですが、**少し複雑なことや高度なことは文書のほうが効率的に人に伝えることができます。**

文書のメリットの第一は、文書を書くことによって、自分自身がその問題について整理・確認することができるということです。

口頭の場合は思いつきというか、出会い頭に口にしてしまう可能性もありますが、文書にまとめるためには少し考える時間が生まれます。その結果、**自分の考えを深く掘り下げることができる**のです。

メリットの第二は、文書であれば、相手に情報が正確に伝わるということです。

口頭であれば、「言った言わない」とか「そういうふうには言っていない」などというすれ違いが生じがちですが、文書ではそういうことがあまり起きません。お互い同じ内容の文書を持っていれば、その**情報を共有することができる**からズレが生じにくいわけです。

第三に、文書があれば、**自分と相手以外の人にも同じレベルで情報を伝えることができる**というメリットがあります。

例えば、上司への業務報告や相談事も文書でするほうが有効です。上司は文書を一覧しただけで「部下が何を求めているか」がすぐわかるからです。

しかも、上司に相談をしたあと、そのときに使った文書をコピーして、「〇〇君この件処理頼む」と書き込んで部下に渡せば、部下への指示も正確に行うことができます。そこには上司への報告事項なども書いてあるので部下も同じ情報を共有することにもつながります。

これを口頭でやろうとすると、〝伝言ゲーム〟のようになってしまって危なっかしい。むしろ、文書のほうが効率的かつ正確な業務遂行ができるというわけです。

そもそも文書にしておけば、いつまでも保管できますし、内容を忘れたら取り出して読めば確認できるわけですから、そういう意味でも効率的です。

仕事術⑰

書類を探すな

▼書類は使った順に整理

「仕事上手は整理上手」といいます。

会社の仕事の多くは雑用の塊であり、放っておけばどんどん不要な資料が溜まっていきます。そのため、いつも身の回りを整理整頓しておかないととっさの対応に遅れをとり、書類やファイル探しに追われ仕事のスピードが落ちてしまいます。

毎日おびただしい数の書類が机の周りを訪れます。これをどう整理するのかは、効率的に仕事を遂行することに大きく関係します。

「**仕事は何をしないかが大事**」なのですが（詳しくは仕事術㉓）、「やらないこと」を増やさないとパンクしてしまいます。

例えば、回覧されてくる雑誌や新聞。私は、原則的に会社ではそれらは読まないことにしています。どうしても読みたい場合は、電車の中か自宅で読みます。または、パラパラと眺めて有益と思われる記事は、アシスタントにその部分をコピーしてもらって電車のなかで読みます。

そして、保存が必要だと思った資料はカムアップパッチファイルに入れます。このファイルのいいところは、不要になった資料を簡単に抜いて捨てることができるところです。「ファイルの資料が少し増えてきたな」と思ったら、不要なものは捨て、全体を身軽にしておくことができます。

私のファイルの保管場所は3段キャビネですが、それぞれ2つに区分して計6区分をカテゴリー別に分類しています。

例えば、①ルーチンの会議、②プロジェクト、③研修、④講演、⑤事業別テーマ、⑥プライベートといった具合です。そして、使い終わったファイルをキャビネに戻すときには、該当するブロックの一番右端に置くことに決めています。

次にまた別のファイルを使い終わったときには、また一番右端に置くわけです。こうすれば、最新使用ファイルは常に一番右端に置かれることになります。そうすると、欲しいファイルはほとんどの場合は、右端から5つ目くらいに集中していることになり、ファイルを探す手間がかかりません。毎日の仕事で使うファイルは結構限定されており、同じファイルを何度も繰り返し取り出すことが多いためです。

一方、不必要なファイルはどんどん左側に押しやられますので、最後にはそのファイルを捨てるということになります。

このやり方はかつての上司に教えてもらいましたが、その数年後、野口悠紀雄氏の『超整理法』（中公新書）で同じ方法を読み、「皆、同じようなことを考えるものだ」と感心したものです。

ちなみに、名刺の保管も日付順が便利。会社別とか五十音順とかは、あまり役に立ちません。そもそも、その人の会社名や氏名を忘れることが多いので、そのような場合には五十音順など全く役に立たないですよね。人間は、人の名前や会社名は忘れても、いつ頃会ったかということは比較的記憶にあるものです。ですから、**一番探し出しやすいのは日付順**なのです。

▼どんどん捨てる

とにかく、書類は基本的にはどんどん捨てることです。

ただ、あとで必要になることもときどきはあるので、私の場合は、ダンボール箱を用意しておいて一旦そこに入れておきます。捨てた書類があとで必要になるとしても、その直後の数日間のことなので、1週間経ったら捨てても大丈夫です。

雑誌や新聞の記事の保存もしません。面白い記事があるとコピーしてファイルに入れたくなるのですが、結局のところほとんどは二度と見ないからです。こうした作業は無駄に終わることが多いですし、資料を保管することによってスペースを奪ってしまううえに、〝資料の山〟をつくってしまい必要なデータを採り出すことを難しくしてしまいます。「百害あって一利なし」なのです。

DOWAホールディングスの吉川廣和会長の徹底ぶりには驚かされました。

吉川会長は『壁を壊す』（ダイヤモンド社）というベストセラーを書かれた方で、同社の経営改革を実行し、経常利益を10倍にした有能な経営者です。

その改革手法には驚かされます。

まず、組織の壁を取り払うため、オフィスは壁をなくしてワンフロアとし、席をフリーアドレスとしました。

社長以外は出社してきた順に好きなところに座ります。帰りは机の上に書類を置いてはならないことになっているので、すべて自分のキャビネに入れて帰るのですが、そのキャビネの保管スペースはミカン箱ほどの小さなものです。スペースが小さいので書類をほとんど保管することができません。

吉川会長は、「ムダな書類など作るな」とおっしゃいます。この話には、いささか度肝を抜かれましたが、同社では何の支障も出ていないといいます。

私は口頭より文書が効率的と考えていますが（仕事術⑯）、これは一考に値することだと思います。

▼データファイルはタイトルづけが勝負

パソコン上のデータの整理整頓も大切です。必要なファイルをなかなか見つけ出せなくて、ムダが発生することがあるからです。

ファイルの整理整頓で重要なのは、ファイルを格納する**フォルダー・タイトルのネーミング**です。

例えば、「事業構造分析」などというタイトルをつけると、あとで見ると何のことかわかりません。「○○製品の構造分析　２００８年11月20日」とすればあとで見てすぐわかります。

このように個別具体的なタイトルをつけるといいでしょう。

メールも同様で（メールの書き方については仕事術⑳参照）、件名に「連絡」とか「お礼」などとつけてしまうと、あとで何についてのメールか開いてみないとわからないということになってしまいます。例えば、「寺島実郎さま・講演会のお礼」と具体名をつければ、あとですぐ見つけられます。

また、以下のような工夫をすれば、よく使うメールのフォルダを見つけやすくできます。

私の会社のメール・ソフトは、メール保管フォルダを①アルファベット、②カタカナ、③漢字50音順で表示します。つまり、「ABC」と「ウェーブ」と「東京」という3つのフォルダがあれば、「ABC」→「ウェーブ」→「東京」の順番に表示されるのです。

そこで、私が最もよく使うフォルダが「業務連絡」だとしたら、そのフォルダ名を「A・業務連絡」とつけるのです。次に使用頻度の多いフォルダが「研修ビジネス」であれば「B・研修ビジネス」とします。そうすれば、この2つのフォルダがフォルダ一覧の先頭に表示されることになりますので、毎日の処理スピードが上がるというわけです。

一方、ほとんど使用しないフォルダの名前は50音順の最後にくるような漢字をつけておきます。

仕事術⑱

誰にも邪魔されない時間を確保しろ

【仕事術❼】で「**時間予算**」の考え方について書きました。

これは、締め切りまでざっと10時間残っているとしたら、70％の7時間は、急な打ち合わせ、急な来客、上司の指示、電話などで飛んでしまうので、実際に使えるのは30％の3時間しかないということです。

それに、急な来客でやりかけの仕事を中断されると、その仕事を再開するとき、元の水準まで戻るのに、なにがしかの時間を必要とします。その結果、中断せず続けた場合と比較して、多くのムダな時間が発生してしまうのです。

ですから、「誰にも中断されない時間帯をどうやって確保するか」ということを常に考えておく必要があるのです。

これには、さまざまな方法があります。

ひとつは一定の時間、**外部と遮断した場所に避難する**ことです。

会議室とか喫茶店に行ってしまう方法もあるでしょう。

私はかつて、集中して書類や本を読むため社外に用事があることにして、自宅で作業したものです。いわゆる「在宅勤務」です。もちろん、そのことをアシスタントには伝えてあるので、いざというときには連絡がとれるようにしていました。

自宅ならば、来客もなければ、上司からの突然の指示もありません。会社にいれば30％の時間予算だったのを80％から90％、場合によっては100％にすることができます。つまり、会社にいるより約3倍の時間を確保できるわけです。

自己管理できる人であれば、**1週間に1回程度は自宅勤務**することをお奨めしたいと思います。まだ日本の企業では試行錯誤の段階ですが、仕事に集中できるという点で、在宅勤務は非常に効果的な方法です。とは言っても、どうしても会社にいなければならないこともあります。その場合には、同僚に頼んで、アポなしの訪問者や緊急性のない電話については**「居留守」を使う手もある**でしょう。

それから、仕事に集中する時間を確保するために、**スケジュールの中に〝自分へのアポ**

イント〟を入れることも忘れてはなりません。その時間帯に他の予定を入れないようにブロックし、自分の時間を確保するのです。

一方、仕事を中断させないための工夫もあります。

例えば、上司から突然の指示が出ることのないように、常日頃から定期的にコミュニケーションをとっておく（仕事術㉕）とか、よく電話をかけてくる人には、「用件によっては電話よりメールがありがたい」ということを普段から伝えておくことなどです。このように〝先手〟を打っておけば、仕事を中断されることが徐々に減ってくるでしょう。

仕事術⑲

長時間労働は「プロ意識」「羞恥心」の欠如

私は、ムダな残業、休日出勤をやめさせるために、部下に次のようなメッセージを送ったことがあります。どのような会社でも通用するはずの考え方だと思いますので、実情に合わせて改変してご活用いただければ幸いです。

残業・休出問題について

佐々木

弊社の一部の社員の時間外労働時間は、月40～70時間を数える。シンクタンクの仕事は長時間労働になりがちであること、また残業の効用は十分認めるとしても、以下を読んで仕事に対するスタンスを改めて欲しい。

1．労働基準法36条に規定されているいわゆる36協定で、残業は月45時間を越えてはならない。それを超えるにはそれ相応の理由と手続きがいる。再建会社でもない現在の当社にはそれほどの長時間労働をしなくてはならない事情はない。労働に対する世の基準（法の遵守）に逆らう常識の欠如を感ずる。

2．仕事はコストと成果のバランスが常に求められる。生ずる成果に比べ多くのコストを投入する採算意識、バランス感覚の欠如を感ずる。
3．会社はプロの社員を求めているが、プロとは限られた時間の中で、いかに効率良く成果を出すかである。そのために事前の周到に考え抜かれた作業プログラムと最短コースで仕事を完遂させる能力が、日々試されている。成り行きにまかせ、ただやみくもに時間をかけるのはプロのやることではない。
4．多くの残業を続ける結果、自分の健康を損ねたり、大切な家族とのコミュニケーション不足というマイナスが生ずるリスクを考えないことに想像力の欠如を感ずる。
5．また、仕事以外の活動が、その人の人格形成に役立ち、幅広い仕事に繋がるはずなのに、そのことに目を向けない向上心の欠落もみられる。
6．自分で時間外の時間を記入し、上司に申請するということは、自ら所定の時間内では仕事ができないということを毎月表明していることであり、そこに羞恥心の欠如をみる。
7．そのような部下を目の前にしながら、注意もせず、仕事の指導もせず、相談にも乗らない管理職に、責任意識の希薄さを感ずる。また、同じ会社の中で、同じグループの中で、残業の多い人と、ほとんどない人が存在するのは仕事の配分が間違っており、マネジメント不足である。

仕事術⑳

Eメールは「結論」から書く

▼時候のあいさつは不要

仕事が出来る人かどうか、その人のEメールを見ればすぐわかると思います。

私のところには、毎日30件ほどのメールが届きますが、それを読み、返事を書くのは結構時間がかかる骨の折れる仕事です。それだけに、メールを見ていて気になることがいくつかあります。

まず、メールの多さです。

その一つの要因はCCで送りつけられるメールの多さにあります。あなたの周囲の人でも、やたらCCを入れる人がいないでしょうか？　なかには、何のためCCを入れるのか理解に苦しむこともあります。特にどうでもよいような集まりに欠席することでも、ご丁寧に全員にCCを入れる人がいます。意地悪なようですが、「あんたなんか欠席しようと関係ないよ」と思ってしまうこともあります。むやみにCCを入れるのは控えたほうがいいと思います。

それから**ムダに長いメールも迷惑**です。

ビジネス・メールでたいせつなのは正確さと簡潔さです。**まず結論を書くべき**なのです。例えば、「おはようございます」という言葉を平気で入れる人がいます。しかし、私はこういう時候のあいさつは不要だと思います。ムダに長くなりますし、私がメールを開くのは夜になるかもしれませんよね？　メールを受け取る相手の立場に立っていないからこういう言葉を書くのだと思います。

「いつもお世話になっています」「お忙しいところ申し訳ありません」などというのもほとんど意味がありません。それよりまず用件でしょう。

なんとなく「お元気ですか」と書く人もいます。そう言われたら、「元気です」と応えないといけないような負担を感じます。

このように、時候のあいさつなど仕事上はどうでもいいことは省くのが、お互いのビジネスをムダなく効率的に進めるうえで守るべきルールだと思います。

それから、「返事をお待ちしています」などと書くのもやめたほうがいいでしょう。どうしても返事がほしいときには、「できましたら、15日頃までにお返事をいただけるとありがたい」などと具体的な日時を入れるのが望ましいです。

逆に気が利いているなと思うのは、「このメールへの返信は不要です」「変更あるときのみ返信ください」「急ぎのメールではありませんので、時間のあるときお読みください」などと書いてあるメールです。

それから、件名のつけ方も気をつけたほうがいい。件名に「お礼」「ご連絡」と入れる人がいますが、こういうタイトルでは、あとで検索するときに見つけるのに苦労します。

このような一般的な表現は避けて、例えば「12月10日講演会へご出席のお礼」などと具体的に書くべきでしょう。

感心したのは、私のホームページを作成してくれた友人のタイトル付けです。彼からのメールのタイトルは「佐々木常夫のホームページ1」「佐々木常夫のホームページ2」という形で統一されています。結局、「佐々木常夫のホームページ21」で完成しましたが、このメールの検索は実に簡単でした。

▼ダラダラ書くな！

仕事のできる人のメールは、まず結論から入ります。

「本日午後からの中期経営計画に関する生産サイドとの打合せは、○○専務が急に社外の打合せが入ったので延期します」などという書き方はしません。最初に、「本日午後の会議は延期します」と結論を簡潔に記します。理由を伝えたいのなら、その後に書き足せばいいのです。

読むほうからすれば、専務がどんな理由で会議に出られないかはどうでもよく、要は会

ビジネスメールも効率的に！

非効率なビジネスメールの例

おはようございます。
○○部○○課の○○です。
いつもたいへんお世話になっております。

すっかり冷え込んでまいりましたが、お元気ですか？


さて、本日午後からの中期経営計画に関する生産サイドとの打ち合わせは、○○専務が急に社外との打ち合わせが入ったので、○月○日○時に延期します。

また、恐れ入りますが、議題に「○○○○」を追加させていただきたく存じます。

資料は後日メールにてお送りいたします。


以上、何卒よろしくお願い申し上げます。

効率的なビジネスメール

本日午後の中期経営計画に関する生産サイドとの打ち合わせは延期します。

その他ご連絡事項は以下の3点です。

①○月○日○時に延期
②「○○○○」を議題に追加（資料後送）
③延期の理由：○○専務が急に社外との打ち合わせが入ったため

以上、よろしくお願い申し上げます。

ポイント

- **結論から書く**
- **時候のあいさつなどは不要**
- **用件は箇条書きで**

議がなくなることが重要なのです。

また、複数の連絡事項がある場合に、ダラダラと文章を書く人がいます。これは、読み解くのに時間がかかるのでNGです。「以下3点を連絡します」と記したうえで**必ず箇条書き**にします。

繰り返しになりますが、メールで肝要なのは「正確」かつ「簡潔」ということです。そのために、「伝えるべきことは何か」ということをよく考えて、ムダなく正確に表現しなければなりません。

さらに、相手の立場に配慮しているかということも確認したうえで送信していただきたいと思います。

メールはビジネス遂行の手段です。

会議の進め方や会議での発言、日常業務の報告や連絡と同様、メールを見ればその人の性格・能力はだいたいわかります。私は初めて会う人でも、その前にメールのやりとりがあれば「こんな人だろう」と見当がつきます。そして、実際に会うと、だいたいのところ想像と違わないものです。

メールは単なる通信手段に過ぎませんが、これをうまく使えるかどうかで業務の効率性にも直結してきます。たかがメール、されどメールなのです。

仕事術㉑
人は決め付けろ

▼会う前に「親近感」をもつ

私は毎日のように社外の人に会いますが、**初めて会うときは、その人に関するデータをできるだけ多く収集する**ことにしています。

ネットで検索して、出身や経歴、趣味、家族、所属団体などを調べるとともに、場合によっては、その人のことを知っている人に電話で聞くこともあります。

集めることができた情報の量や質にもよりますが、これくらい調べておくと、その人のおおよその輪郭をとらえることができます。ある意味では、一度会ったかのような気にすらなるものです。

このような準備をしておけば、相手との距離を一気に縮めることができます。

こんな経験をしたことがあります。㈱ソフトブレーンを創業した宋文洲さんにお目にかかったのですが、その前に例によって宋さんについていろいろ調べました。彼のプロフィールにも興味をもちましたが、ネットに載っている彼のコラム集が面白かった。「なんと日本社会を独創的にとらえる人なんだ」とひどく感心してそのコラム集を2度も読んでしまったほどです。これで彼とはもう数度会ったかのような親しさを感じました。そこで、私もお会いする前に私のコラムを送りました。

そして、初対面の当日。彼も私のコラムを前もって読んでいてくれて、「佐々木さんは自分と同じようなものの見方をする人だ」という話からコミュニケーションが始まりました。もちろん、会話は弾みます。しかも、なんと彼の息子さんも私の長男と同じ自閉症だったのです。まだ小学生ということでした。私の息子は当時すでに36歳でしたから、〝大先輩〟としていろいろなことを説明して差し上げました。

このように、事前にその人に関する情報に接しておけば、初対面でも深いコミュニケーションが可能となります。そして、仕事も効率的に進められるというわけです。

▼人を「決め付ける」

さて、私は人に面談したら交換した名刺に、会った日付と印象に残ったことをメモとして記すことにしています。その際に大事なことは、その人について決め付けてしまうということです。

例えば、「よく気が付くが気が弱い人」とか「人とのつきあいは上手だが、たぶん仕事は出来ない人」といった具合です。

もちろん、「人を決め付ける」というのはとても危険なことですが、とりあえずそう**決め付けておいて、修正していく**ほうが早くその人の実像を明確にすることができます。

例えば、その人を知っている人に「こういう人ではないか？」と聞いてみたりするといいでしょう。あるいは、その人に再び会ったときに、一度決め付けた印象と違うことを感じたら、そのイメージをすぐに修正していくのです。

こうしたことを繰り返していくと、だいたい3回くらい会ったところで、その人の実像が明確になります。

何も考えずにボンヤリと人に会っていては、なかなか実像に迫ることはできません。社外の人とはさらりとした数回の付き合いで終わることが多いので、一度決め付けてしまったほうがいいのです。

これに対し、社内の人とは長い付き合いになるので、じっくり臨むことになります。とは言っても、社外の人と同様さらりとした付き合いで終わってしまう人も多いので、なるべく早くその人のことを知ったほうがよいことに変わりはありません。

そこで、私は、自分と少しでも**関係のある部署の人については、入社年度別にフルネームで手帳に書き出していました。**そして、入社年度、出身大学、出身地などを丸暗記してしまうのです。詳しくわからない人については、その近辺の人たちに性格や仕事の能力などをヒアリングしたものです。

仕事上、何か問題が生じたりしたときに、そのテーマを得意にしている人に聞きに行くことにしていたので、こうした人物情報はかなり役に立ちました。ビジネスの基本は「人的資源」に他なりませんので、こうした人脈や人物情報をもっているか否かで大きな差が生まれてきます。

仕事術㉒

先手必勝

私は、「スタートダッシュ型」です。

いろいろな仕事の仕方を試してみましたが、どうもスタートダッシュ型が一番効率がよいし、自分に合っていると感じます。

一日の仕事でも、午前中で勝負を決めるやり方です。毎朝8時には出勤していましたが、「8時からスタート」という意識ではなく、通勤時間も〝仕事タイム〟に含めて考えていました。つまり、朝7時から12時までで勝負を決めるというわけです。

会議もスタートダッシュです。大きな会議の場合には開始10分前には席についています。人より先に来るといいことがあります。例えば、机の上にはその会議の資料が置かれているので、始まる前に会議の目的や内容を確認することができます。そのため、人より一歩突っ込んだ議論をすることができるのです。それに、座る場所が決められていなければ、早いもの勝ちで一番居心地のよいところに席を確保することができます。こうすることで、自分のペースを掴むことができるのです。

会議では、一番先に質問や発言をします（講演を聴いているときも同じ）。常に質問するつもりでいると、相手の話を考えながら聴くことになりますので、よりよく理解することができるからです。

しかも、**議論の流れを作り出す**ことができます。私は政府の審議会でも、だいたい最初に発言していますが、それは、さっさと意見を表明することで、その会議の流れをこちらに引き寄せたいからです。それに、先に発言してしまえば、あとはのんびりできるということもあります。

電話もそうです。相手が折り返してかけてくるのを待たずに、自分からかけるのが得策です。突然電話を受けると、どうしても相手のペースになりやすいからです。商談や訪問の日程を決めるときなども、まず自分の希望をぶつけるのがよい。こちらから仕掛けることによって、主導権を握れるからです。

遊びも同じ。カラオケなどは、なるべく最初か、早い段階に歌うことにしています。さっさと歌って、あとは人の歌を聴き、しんどくなったら途中で帰ってしまいます。だから、すぐにリクエストできるように、自分の持ち歌を小さな手帳にいくつかメモしているのです（仕事術❽参照）。

第3章

時間を増大させる「広角的仕事術」

仕事術㉓

「捨てる仕事」を決める——出ない、会わない、読まない

▼仕事の「パレートの法則」

主として経済学で使われる「パレートの法則」という用語があります。

「富の8割は2割の人に帰属する」といった「8割2割の法則」のことですが、私は「仕事のパレートの法則」もあるのではないかと考えています。

つまり、**「重要な仕事2割をやれば、その人の抱える仕事の8割を達成したことになる」**ということです。

会社にはやたらと多くの仕事があり、重要な業務もあるが取るに足らない雑用も数多くあります。そのようななかで、すべての仕事をやっていたのでは時間がいくらあっても足りません。

もちろん、雑用であってもしなくてはならない業務もあるので、取るに足らないからと

いって全くやらないというわけにはいきません。しかし、「いかに最低限のインプットで、求められている水準に到達するか」をよく考え、もし他の人に任せてもいい業務であれば、極力自分がしないようにすべきです。

仕事は、「今やる仕事」「後でやる仕事」「自分がやる仕事」「人にやらせる仕事」の4つに分類することができます。仕事が発生したときに大事なことは、**「人にやらせる仕事」を見極めて、極力自分でやらずに済ます**ということです。

▼会議に出なければ時間を稼げる

次に、「会議に出ない」「人に会わない」「書類を読まない」という、いささか危険な話をしたいと思います。

「会議に出るか、出ないか」というのは、極めて重要なテーマです。私は、**会議は出なくてすむものはできるだけ出ない**ようにしています。

もちろん、仕事はチームで連携して進めることが多いですから、「会議に出ない」というのは難しいことではあります。しかし、同じ会議に自分と同じ組織の人が2人も3人も出席していることがあります。そんなときは、自分は欠席し、出席した人に後から結果を聞くことで、「会議時間をいただく」ことができるわけです。

会議に出ないことには、思わぬ効用もあります。というのは、「その会議は都合で出席できない」と連絡すると、会議の主催者に対し「その会議より優先する用事があるので出席しない」というメッセージが伝わることになり、主催者に「あまり価値が置かれていない会議だ」と認識させることにもなるからです。

▼その人とは〝本当に〟会う必要があるのか？

「人と会って話をしなければならない仕事か、電話やメールで済む仕事か」についても慎重に考えなくてはなりません。出かけていって人に会うとなると、多くの時間が必要になるからです。

私は政府のいくつかの審議会の委員をしていますが、事前に役所の方、例えば課長と担当者の2人で説明に行きたいと言われることが多くあります。そのようなとき、私は、ほとんどの場合、断ることにしています。そして、関連の資料をメールで送ってもらい、資料を読んだあとに電話で話を聞くことにしています。もし来社してもらって、事前説明を受けることになると、国のために働いている有能な官僚2人の2時間半~3時間（往復の時間を含めて）という「貴重な時間」を浪費させることになるからです。

こんなムダもあります。3~4人も私のところに訪問してくださるのですが、そのなかには最初から最後まで一言も話さない人がいるということがあるのです。「一体、この方は何のために来たのだろう？」と不思議で仕方がありません。

先日も、ある会社から「効率的な仕事の進め方」について社員向けの講話をしてほしいという連絡があって、その打合せのために、なんと5人の方が来社されたのでびっくりしてしまいました。依頼のために来るのなら、せいぜい2人がいいところではないでしょうか？ そのような会社には、〝効率化のネタ〟が山ほどあるに違いないと思わざるをえません。

講演の依頼は、地方の方から寄せられることもあります。当然、地方の方はわざわざ事前説明のためにお越しになることはありません。その代わり、メールでやや詳しく趣旨や背景を説明してくださいます。それで、十分なのです。

ところが、都内の方の場合、ほとんどが事前説明に来られますが、メールを上手に使って対応されたほうがわざわざ訪問いただく手間が省けていいのではないでしょうか？　しっかりと用件を伝えるメールを作成するのに、30分ほど時間はとられるかもしれませんが、ずっと効率的です。

また、私は社内で回覧されてくる書籍やリポートについても「何を読むか、何を読まないか」を決めています。新聞、雑誌、リポート、これらを少しずつでも読んでいたら時間はあっという間になくなってしまうからです。自分に与えられた時間は少ないので、それほど重要でないものは極力読まないことを心がけるべきです。

私は、**社内で流れてくる書類の50％は読まなくてもいい**と思っています。そのような書類はせいぜい見出しを見るだけで十分です。それで、現実に業務に障害があったことはほとんどありません。

ここでお話しした「会議に出ない」「人に会わない」「書類を読まない」という「出ない」「会わない」「読まない」という選択は、ある意味でたいへん危険なことです。相当慎重に考えて判断しなくてはなりませんが、うまく実行できれば、「時間増大」の効果は驚くほど大きいものがあります。

仕事は人に任せろ

▼一番よくわかっている人に仕事を頼む

自分の使える時間を増やそうと思えば、なんでも自分でやろうとしないことが大事です。できるだけ、**仕事は「人に任せる」**のです。

こんなエピソードがあります。会社の若い男性社員が結婚し、その披露宴で主賓としてスピーチをすることになりました。最近は仲人をたてることがほとんどなくなりました。その代わりに主賓が新郎新婦の紹介をしなければならないのです。

このスピーチ原稿をつくるのは、なかなか骨の折れる仕事です。もし、自分で一から原稿を考えるとなると、本人についてさまざまなことを調べなければなりません。新郎は何年入社で、何人兄弟で、どの大学を出ているかくらいならすぐわかるのですが、面白いエピソードなども調べるとなると結構たいへんです。おそらく2日間くらいかかってしまうのではないでしょうか。生真面目に取り組んでいたら、「こんな頼まれごとは勘弁してほしい」などと後悔したりするかもしれません。

そこで、私は「人に任せる」ことにしました。新郎を呼んで、「自分のことを自分が恥ずかしくなるくらい褒めた自己紹介の文章を書いてみなさい」と言ったのです。察しのいい彼は、私の意図するところに気が付き、翌日、A4用紙に1枚ほどの原稿をつくってもってきました。

それを読んだ私は、「君、これには入社してからのことしか書いていないね。小さい頃のことも付け加えること。それに自分の褒め方が足らない。もっともっと自分のことを褒めちぎって書きなさい」と伝えました。すると、その翌日には、A4用紙3枚にして原稿をもってきます。

それだけの情報をもらえれば「しめたもの」で、私のスピーチ原稿は1時間ほどで出来上がりました。

しかも、すこぶる出来がいい。披露宴が終わったあと、彼のご両親が私のところまで来てくださり、「今日はたいへん素晴らしいスピーチありがとうございました。小さい頃のことも含め、上司の方にこれほどよく理解していただいていて息子は本当に幸せです」と感謝されました。

それはそうでしょう。なにしろ、彼がつくった原稿なんですから。彼のことを一番知っているのは、彼の家族でもなければ友人でもありません。彼自身です。それなら一番よく知っている彼に原稿を書いてもらうのが早いというものです。

会社の仕事も一緒です。仕事が発生したら、すぐに自分で取り組み始めるのではなく、誰にやってもらうと一番いいかを考えるべきでしょう。**一番その仕事についてわかっている人に頼むのが、「成果」を生み出すための近道**なのです。もし、そのことについて一番よく知っているのが直属の部下ではなく他の部署の人だったら、自ら聞きに行くか、あるいは誰かに聞きに行かせたらいいのです。

▼「教え」を請う

よく知っている人に仕事を頼むだけではなく、よく知っている人に教えを請うことも大事なことです。

私は東レで、入社以来20年近く企画や管理の仕事に携わってきましたが、あるとき突然、社長から「営業を勉強して来い」と言われて面食らったことがあります。

もちろん営業のことはほとんど知りません。きっと上司や部下は、未熟な課長が突然やってきたことで迷惑に思っただろうし、心配もしたことと思います。

そこで私は、「営業の神様」といわれた数人の在職中の先輩に教えを請いに行くことにしました。

それぞれ30分の時間を頂き、「私は営業のことを全く知らない素人です。先輩は営業の神様とお聞きしました。私に営業は何かを教えてください」と頼んだのです。

私のようなものでも、熱心にお願いすればたいていの人は時間を割いてくれました。そして、多くの先輩は、30分の約束なのに1~2時間も「営業とは何か」「営業の心構えはどうあるべきか」といったことをいろいろ教えてくれました。教えを請う後輩には親切なもので、「これは」という秘訣を惜しみなく与えてくれます。人は、自分の得意分野を他人に教えてあげることには熱心になるものなのです。

もっとも、アポイントを申し込むときに、その方がアポイントの時間以降も余裕のある日を選んでオファーしてはいたのですが……。

こうして数人の教えを請うことができたのですが、つまるところ「営業とは当たり前のことをきちんと実行することだ」ということがわかったような気がします。営業で大事なことは、「時間を守る」「嘘をつかない」「悪い情報はすぐ流す」「相手の立場を考える」「よく勉強する」などということだったからです。

それともう一つ付け加えなくてはならないのは、こうしたやりとりを通じて、優れた先輩と知り合えたことで、その後**困ったときにも相談にのってもらえる**という特典をいただけたことです。「人の教えを請う」ことの効用は大きいのです。

仕事術㉕

上司に追いかけられるな

▼上司を驚かせない！

上司と常日頃コミュニケーションをとって信頼を構築する――。

このことは、組織に所属する人間にとって最も大事なことの一つです。

上司が、人事評価や異動の権限をもっているといったことだけではありません。もっと大事なことは、**自分が進めたい方向に仕事を効率よく誘導していく**ためには、上司を味方につけ、上司の力を最大限に活用するのが得策だということです。

ちなみに、ハーバード・ビジネス・スクールの教科書の第1章は「Don't surprise your boss」（あなたの上司を驚かせるな）というタイトルがついています。「**上司を大切にしなさい**」という点では、アメリカも日本も同じなのでしょう。

こんなエピソードがあります。

私が営業課長に赴任したばかりの暑い夏の朝のことです。部長が9時15分頃に「ふうふう」言いながら出勤してきて、上着をハンガーにかけ冷たい水を飲もうとしている、ちょうどそのときに、隣の課長が、「部長、ちょっと大事な話があります。時間をください」と言いました。

私は、「まずいな。部長は9時半から重要な会議があるのに」と思いました。

案の定、部長は「今はダメだ。9時半から会議がある」と断ります。すると、その課長は、「実は10時に大手の得意先が来ることになっていて、今後の取引条件について返事をしなくてはならず、その相談をしたいのです」と泣きつきました。

部長は厳しい口調で、「それなら3分で話をしろ」と言いました。

部長は内心、舌打ちしたはずです。なぜなら、朝の早い時間にそんなに重要な交渉をするのならば、前日には部長の了解をとっておくべきだからです。しかも、あらかじめ部長が9時30分から重要な会議があることはわかっていたのです。まさに、上司を驚かせてしまったわけです。

上司に対して、決してこんなことをしてはいけません。部下たるもの、常に上司のスケジュールを把握したうえで、早め早めに相談していかなければいけません。

▼「定期的」に報告・相談する

当時私は、常に部長のスケジュールを確認して、最も余裕のある日時を選んで、2週間に一度くらい、だいたい30分のアポイントを入れるようにしていました。

「定期的に報告し相談する」というのがミソです。一定のスパンで自分の行動を振り返り、上司と意見交換したり、相談したりすることが、仕事をスムースに進め、上司の信頼を得ることにつながるのです。

アポイントの際に、**必ず用件を紙に書いて「文書」の形で上司に差し出す**こともたいせつです。「報告事項3件、①………、②………、③………」「ご相談したき事項2件、①………、②………」と書かれた書類を見せれば、上司はどんな報告と相談なのかすぐにわかるからです。

そのうえで、口頭で報告・相談をします。報告事項に関しては、部長はあまり関心を示さないでしょう。「ふんふん」と聞いている程度です。多くの場合、上司にとって部下の報告事項などたいしたことではないからです。

報告が終わって、相談に移ると少し身を乗り出してきます。

このときに、私は「この件についてはAかBの選択肢がありますが、私はこういう理由でAをとりたいと思います」と言います。すると、たいていの場合、部長は「それでいい」と言います。上司も多くの問題を抱えていて部下の問題にあまり頭を使いたくないし、部下が一生懸命考えたそれなりの理屈が通っている提案であれば、「それでいい」と考えるわけです。

しかし、ここで**上司の了解を得たということは大きい**ことです。他の部署やお客様のところに行って、「私の上司もこの方向でやれと言ってます」と言うことができるからです。仕事が断然やりやすくなるのです。

万一、他の人から反対されても、再び部長に「先日部長も賛同していただいた件ですが、難航していますのでお力を貸してください」と言えばいい。部長は自分で方向を示した手前、力を貸さざるを得ないのです。こうした力学をうまく使いこなせるようになれば、仕事はどんどん効率的になります。

▼上司に追いかけられない仕事術

さて、このようなアポイントを繰り返すと、だんだん30分のアポイントが20分になり、15分になり、という具合に時間が短くなっていきます。数を重ねるほど、上司とのコミュニケーションが円滑になるからです。

さらにありがたいのは、部長が私を見なくなるということです。私という存在が上司の視野から外れていくのです。というのは、**「あいつは必ず2週間ごとに報告に来る」と安心してもらえる**からです。

むしろ、報告に来ない他の課長が気になって、「おい、あの件どうなっている?」という声が飛ぶようになります。そして、もしもその宿題が出来ていなければ、「何をやっているんだ?」と責められ、今やりかけの仕事を止めて、指示された仕事に追いかけられることになります。こんなことでは、その部下も課長に対する不信感をもってしまい、チームとしての効率にも悪影響が出かねません。

このように、「上司に追いかけられないやり方」「上司を安心させるやり方」「上司に信用してもらえるやり方」をマスターすれば、自分の時間を増大させることにつながるのです。しかも、上司は「あいつはいつもきちんと報告してくるし、よく考えている」と私に対する評価を上げてくれるという最高の〝おまけ〟までついてくるのですから、やらない手はありません。

上司との対応を誤ると、自分の仕事の障害になることもあるので、常に上司をウォッチしながら関係性を大切にして、味方につけておかねばなりません。できれば、上司の家族状況、経歴、趣味なども把握しておいたほうがいいでしょう。

仕事術㉖

「2段上の上司」を攻略せよ

▼普段から「2段上の上司」とコンタクトをもつ

【仕事術㉕】では、直属の上司との付き合い方について書きましたが、もう1段上の上司（ここでは「2段上の上司」と呼びます）との付き合い方も大切です。

直属の上司はこちらの人事評価をし、人事異動をする力をもっています。つまり、生殺与奪の権利をもっているのですから、特にマークしておくべき存在なのですが、そのもう1段上の上司（あなたが課長ならば、部長のさらに上の本部長などの存在）も、ときに実に大きな力をもつことがあります。

例えば、自分が進めたいプランを直属の上司が反対しても、2段上の上司が賛成したら実行することができます。逆に、直属の上司が賛成してくれても、2段上の上司が反対したら〝元も子もない〟ということが起きるからです。

そのために、意識して2段上の上司との付き合い方を考える必要があります。

まず第一に気をつけることは、いつも**きちんとあいさつする**こと。そして、ちょっとした会話をはさむことです。

「昨日の会議はたいへんだったようですね」「先週のパーティーでのスピーチは感動しました」といった、相手の琴線に触れるワンフレーズがいいでしょう。

日頃このようなコンタクトをとっておけば、仕事のことで困ったときにも、「ちょっと悩んでいることがあるのですが、ご相談に乗っていただけませんか？」と言って応じてもらうことが可能になります。しかも、2段上の上司は直属の上司より経験も力量も上というケースが多く、思いもよらない素晴らしいアドバイスをもらえることもありますので、ぜひともトライしていただきたいと思います。

実は、2段上の上司も、本当は、直属の部下のそのまた部下の話を直接聞いてみたいと考えているものです。ですから、普段から、きちんとしたコミュニケーションをとっていれば相談には乗ってくれるはずです。

▼上の人との会話は「結論まっしぐら」

ただ大事なことは、2段上の上司とのコミュニケーションの時間は、**できるだけ短時間にする**ということです。つまり、相手の時間を奪わないことが重要です。

私は、経営企画室に課長（といっても当時の経営企画室は管理職ばかりで私は一番下っ端でしたが）として赴任したとき、ほぼすべての役員のもとへあいさつに回りましたが、課長にもかかわらず、2段上の副社長にまであいさつに行きました。

おそらく、向こうはびっくりしたと思いますが、それでもにこやかに迎え入れてくれました。そこで、「今度、経営企画室にまいりました佐々木です。よろしくお願いします。お忙しいでしょうから失礼します」と言うと、「まあ座れ」とおっしゃいます。そして何分間か、参考になる話をしていただいたのです。

それでも、少し経ったら退出する方がいいでしょう。

上司は部下に会うのが若干億劫なものですが、それは時間がとられてしまうという恐れがあるからです。ところが、**2〜3分で話の終わる相手であれば拒む理由はそれほどないのです。**だから、私は2段上の上司と話すときには短時間で終わらせることを意識してきました。

この経営企画室時代は、課長ではありましたが、さまざまな経営課題と日々直面し、悩みもたくさんありました。そのため、壁にぶつかったり、目指す方向性に迷ったりしたときには、技術のことなら技術担当副社長、営業のことなら営業担当副社長といった具合にアポイントをとって相談に出かけていきました。

そして部屋に入ると、副社長がわざわざ自分の机から応接セットへ移動しようとするのを、「あっ、副社長。机に座ったままで結構です。2～3分で済みますから」と押しとどめ、自分は立ったまますぐに核心の話をします。

結局、2～3分では終わらないこともありましたが、おおかた数分で終わるようにはしてきました。**上の人との会話は、「結論まっしぐら」**でなければならないのです。

これを繰り返しているうちに、2段上の上司のみならず、さらに上の地位の人にアポイントを入れてもほとんど断わられないようになっていきました。

その秘訣は、「所要時間の短さ」に尽きます。

私の経験では、「あいつは話が長いから」というだけで面談を断られる人もいました。「長い話」は禁物です。

2段上の上司とやりとりするときに注意しなければならないのは、**直属の上司への報告**です。「たまたまエレベータの前でお会いしましたので、この件、お聞きしましたら、このように言っておられました」くらいの話をしておいたほうがいいでしょう。後で自分を飛び越えて話をしたと聞くと、不快になる上司もいます。また、「自分は2段上の上司と信頼関係にある」ということを知らしめておくのも効果的です。

仕事術27

常に「上位者」の視点に立て

仕事の幅を広げ、成果を出すためには「視点の高さ」が必要です。視点が高ければ、問題の捉え方が多面的・広角的になり、〝抜け〟が少なくなります。

その結果、仕事が成果あるものになるのです。

「課長の視点」でだけ物事を見ていると見えてこないことがあります。例えば、ある案件について課題が浮上したけれども、課員のなかにはその課題を解決するノウハウをもつ人間がいないということがあります。そんなとき、部長の視点に立てば、「そういう問題なら、○○課の○○君が得意な分野だ」ということがすぐに見えることがあります。

つまり、自分の課員の得意分野を知っているだけではなく、部長の視点でいろんな課の社員の得意分野を把握しておけば、すぐに課題解決の糸口を掴むことができるわけです。

しかも、そのように「高い視点」で自己研鑽をしてきた課長であれば、部長になってもすぐに力を発揮できるはずです。

私は昔から、「係長には課長教育を、課長には部長教育を、部長には取締役教育を」といい続けてきました。

軍隊では、例えば連隊長になる前のクラスの人たちに連隊長教育をするといいます。その職についた瞬間に、その職にふさわしいことができなければ部下が死ぬ可能性があるという背景があるからではないでしょうか。

企業でも同じことです。部長になってから部長の勉強をしていては、このグローバル競争を勝ち抜くことはできませんし、逆に、課長のときに部長や役員の意識で仕事ができれば、必ずいい成果を生み出すことができるはずです。

ここでも、【仕事術㉖】でお話した「2段上の上司との上手な付き合い方」が役に立ちます。

「2段上の上司」の考えというのは、キャリアが長い分だけ参考になることがたくさんあります。だから、何かに迷ったり、自分の考えを確認したいときに、2段上の上司の意見をきくと、大きく道を拓いてくれることにつながるのです。そうした経験を重ねれば、困ったときにも「あの上司ならどう判断するだろうか?」と自問自答することで、より適切な「答え」を導き出せるようになるものです。

要するに、「自己研鑽が大事」ということですが、**「成長のタネ」はどこにでも転がっています。**

私は、20~30代の頃は、社内研修のみならず、社外研修にもよく出かけていきました。そこで、マーケティングや経営戦略などを学んで、それなりに役に立ちました。しかし、40代になってからはあまり社外研修に積極的に出かけることもなくなりました。

というのは、研修よりも、自分が直面している現場にこそ多くの教材があることに気づいたからです。そして、具体的な問題を解決していくほうが、よほど自分の成長につながると実感したのです。

自分に向上心さえあれば、何でも成長の材料になります。

そして、その「材料」を成長の糧にするのは、**「上位者だったらどう考えるだろう?」という意識**なのです。この視点を忘れずに自己研鑽すれば、必ず「結果」を出せるようになります。

仕事術㉘

ムダな会議はやめろ——「少人数ミーティング」は頻繁に

私が課長になった頃、妻が3年ほど入院しました。子どもが小さかったので、食事の支度をするために、毎日夕方6時には会社を出なくてはなりませんでした。

そのため、大胆な業務改革をしたのですが、その一つが「会議の数の削減」です。

私の職場は企画管理の仕事でしたので、会議の数が非常に多かったのです。そこで、単なる連絡会や報告会に過ぎないような会議はやめることにしました。残すことにした会議についても、資料は事前配布を義務づけ、なるべく簡潔なものにすることをお願いしました。そして、会議はそれを読んできたことを前提に、すぐ議論を始めることによって、会議時間を従来の半分にすることにしたのです。

もちろん、相互のコミュニケーションの促進や上意下達など、会議にはそれなりの効用があります。一方で、多くの人を巻き込むことによって、それほど関係のない人の時間をロスさせるリスクもあります。このあたりの微妙なバランスをどうとるかを工夫していく必要があります。そこで、私は会議を減らしたかわりに、**少人数でのミーティングを頻繁に実行する**ようにしました。

何か問題が発生したり、自分の考えを確認したいときには、関係する3~5人の少人数を集めて協議することにしたのです。

このミーティングは、テーマによっては30分かかることもあったし、ときには10分で済むこともありました。これが機能しました。そのテーマについての背景や対策について説明しているうちに自分の考えが変わったり、他の人の意見を取り入れて対応策が一段と〝深化〟していったりしました。

私は、ひとりの人の知恵には限界があり、できるだけ周囲のメンバーの知恵を取り入れて仕事を成すべきだと考えています。他人の知恵と自分の知恵が重なり合い、融合していくことを通じて、よりよい結果が出た例を私は何度も経験したものです。

長くて無意味な会議には嫌悪感をもちますが、ミーティングにより生み出される「新たな知恵」の重要性はとても評価しているのです。

仕事術㉙

「隙間時間」を使い切る

▼バカにできない「隙間時間」

私は現在、横浜市の綱島に住居を構えています。自閉症の長男の施設の関係があって、どうしても横浜に住みたかったのです。勤務地は千葉の新浦安です。

通勤は、東横線―日比谷線―京葉線と3本の電車を乗り継いでいきます。片道約1時間半の道のりです。7時前には家を出ますので、通勤電車はとても空いています。東横線の中目黒駅で乗り換えるのですが、日比谷線の始発駅なので1列車見送れば座っていくことができます。京葉線も通勤ラッシュとは反対方向なので座れます。つまり、1時間30分のうち1時間は座れるのです。

この「隙間時間」を仕事に活用しない手はありません。私は、1時間30分の最初の30分で日経新聞を読みますが（もう一紙は朝食のとき読了）、残り1時間は〝仕事タイム〟として使います。そのため、私のショルダーバッグには、クリアファイル4個を入れています。つまり、**4種類の仕事をいつも持ち歩いている**のです。

したがって、往復2時間は私の業務時間になっているのです。

通勤時間だけではありません。政府の審議会に出席するためにしばしば霞が関に行きますが、その移動中も業務時間です。あるいは、会議と会議の間に少しでも「隙間時間」が生じると、すぐにショルダーバッグから書類を取り出して仕事に取り掛かります。

この「隙間時間」がバカにできません。**「隙間時間」を積み重ねることによって時間は驚くほど増大する**のです。

▼「隙間時間」に眠るな！

私は、基本的にはムダな会議には出席しないようにしていますが、立場上、止むを得ず出なければならない会議もあります。そんなときには、この4つのファイルが大活躍します。つまり、**会議中に〝アルバイト〟**をするわけです。半日ほどの無用な会議の中で、2つくらい大きな仕事が完成するのだから侮れません。

新幹線の中などは絶好の〝仕事タイム〟です。なにしろ、電話も来ないし、他人の邪魔も入りません。「時間予算」は30%ではなく100%です（仕事術❼参照）。私は通勤時間や新幹線で眠ったことはありませんが、驚くことにかなりの乗客が居眠りをしています。なんともったいない！　私には、ほとんど理解できない光景です。

仕事術㉚
「事実」を見極める――本当にそれが「事実」か一度ゆすってみる

何か仕事に取り掛かるときに重要なことは、事実をきちんと把握しておくことです。**事実の確認が不十分なら、すべての仕事がムダに**終わってしまいます。

例えば、「経営戦略」や「営業戦術」を立案する場合にも、「今、何が起こっているか」「問題の原因は何か」といったことが完全に理解されていなければ何も始まりません。「フアクト・ファインディング（fact finding）」がすべての前提なのです。

事実を正しく掴まずに打ち出した戦略・戦術はムダであるばかりか、逆効果にさえなりうるのです。

ところが、事実とは厄介なものです。というのは、事実には、「報告された事実」「表面的事実」「仮定的事実」「希望的事実」などさまざまなものがあるからです。

例えば、「イラクにおける大量破壊兵器の存在」などは、CIAから「報告された事実」でした。そして、後になってから、「実は、そのような兵器はなかった」ことがわかりました。とんでもないことですが、世の中には、このような〝中途半端な事実〟があちこちに存在しているから注意が必要です。

企業でも同じです。例えば、ある企業の業績が悪いとします。すると、「研究、生産がいいものをつくらないからだ」とか「営業の売り方が悪いからだ」とか、いろんな声が沸きあがってきます。しかし、このような**社内不協和音が発生する原因のほとんどは、「謙虚さの不足」「思い込み」**なのです。このようなものを〝事実〟と見誤るとたいへんな間違いを犯してしまうでしょう。

特に気をつけなければならないのは「人事評価」です。人事評価は、人が人を評価するので「絶対水準の視線」に欠けるため、その人の価値観や嗜好性によるところが大きいからです。安易に〝事実〟と思い込むことによって、「人材を殺す」ことすらあることを肝に銘じなければなりません。

このように、〝事実〟とされるものには十分に注意する必要があります。さまざまな角度から冷静にその〝事実〟を検証しなければなりません。**〝事実〟をゆすってみると、たいていの場合、「事実」ではないことがわかる**ものです。

この「何が真実か」を捉える力、つまり「ファクト・ファインディング」は、経営にとって、組織にとって、極めて重要です。ここを間違えると多くの仕事をムダにしてしまいます。事実をきちんと捉える力は、その人の「人間性」「能力」「胆力」などのすべてを総動員しなければ発揮することはできません。

そして、「真実」を掴むことができる人は、仕事の完成までの最短コースを走ることができるのです。

仕事術㉛

大事なことは記録する

▼記録すれば覚えられる

何でもすぐ記録するのが私の癖です。

手帳などにさまざまなことを記録するようになって、もう何十年も経ちます。その経験を踏まえて断言できるのは、「書くと覚える。覚えると使う。使うと身に付く」ということです。

私は、【仕事術❽】で書いたように、手帳に「担当事業のマーケットサイズ」「競争相手のシェアや自社の強み・弱み」「日本のＧＮＰ」などの基本的な数字を書き込んでいます。これを、電車の中などの「隙間時間」（仕事術㉙）を使って暗記してしまうのです。

社長になってからは、気に入ったフレーズや、人に伝えたいフレーズを書き込むようになりました。例えば、「これを知るものはこれを好むものにしかず、これを好むものはこれを楽しむものにしかず」（論語）とか、「人は城、人は石垣、人は堀、情けは味方、あだは敵なり」（武田信玄）などと書いては暗記していくわけです。覚えてしまえば、これらの言葉を会議やスピーチなどで自然に使うことができ、説得力が出てきます。

あなたの職責に応じて必要な基礎知識を手帳に記録して、どんどん吸収していっていただきたいと思います。

▼記録はいざというときに役立つ

「記録すること」は仕事にメリットをもたらすだけではありません。

私の妻は、入院を43回も繰り返しました。虎ノ門病院をはじめさまざまな病院のお世話になりましたが、その度に医師は妻の病歴や家族構成などを聞いてきます。

そのため、それらの情報をパソコンに記録しておき、病院に行くときには、それをプリントアウトして持って行くことにしていました。すると、医者はわざわざメモする必要がないので喜んでくれます。そして、その書類をカルテに挟み込みます。

こうして、医師も私も時間を節約できますし、そもそも、きちんと調べて書いたものですから、あいまいな記憶をたどりながら話すよりも正確なデータを伝えることができます。記録しておくと、一石二鳥なのです。

また、**記録することで、いざというときに備える**こともできます。

例えば、妻が入院するときに必要なもののリストを手帳に記入しています。パジャマ、洗面具、着替え、置時計などとメモをしておけば、急に入院するような事態になってもあわてる必要はありません。

海外出張も同様です。

そのつど持参するものを考える必要がないように、携帯すべき品目リストを手帳に記入しておくのです。それを見れば、簡単に抜かりなく出張の準備をすることができます。

このように、場面に応じた「マニュアル」を前もって作成しておけばとても便利です。「記録」にはたくさんのメリットがあるのです。

仕事術32

「目の前の仕事」を頑張る——わらしべ長者理論

▼人よりもちょっとだけ優れた仕事をする

私はある意味で「運命論者」です。運を天に任せるところがあるのです。

例えば、大学時代のゼミの仲間たちの大半が金融関係や官庁に就職したのに、私が東レに入社したのは、たまたまサークルの先輩が東レに就職していて、その人に誘われたからです。

会社に入ったときも、配属先の希望を聞かれましたが、「営業でもスタッフでもそんなに変わらない」と思って、特に希望は出しませんでした。結婚もそうです。私が病気になったときにたまたま看病してくれた女性が妻となりました。

しかし、与えられた仕事については文句を言わず、ともかく目の前の仕事に全力で向かおうと考え努力してきました。妻のことも精一杯大事にしてきたつもりです。

そして、目の前の仕事に全力をあげる中で、**工夫して人よりもちょっとだけ優れたことをする**ことに心がけてきました。過去の先輩たちの仕事を盗んだり（仕事術⓭参照）、そのことに通じている人に訊きに行ったり（仕事術㉔参照）しながら、「優れたイミテーション」を積み重ねることによって、**自分なりの「ささやかなイノベーション」を生み出していった**のです。

そういう努力の積み重ねによって、課長、部長、参事、理事、取締役などといつもトップで昇格してくることができたのではないかと思います。

▼勝間和代さんの「わらしべ長者理論」

以前、ベストセラー作家の勝間和代さんの講演を聴く機会がありました。非常に興味深いお話をされていましたが、なかでも面白かったのが勝間流「わらしべ長者理論」でした。「わらしべ長者」のストーリーはご記憶かと思います。

昔、彦造という貧乏な若者がいて、ある日「金持ちになりたい」と神様に拝んだら、「この神社を出たところで手にしたものを大事にするように」というお告げがありました。

彦造が神社を出たところで転んで手に掴んだのはわらでした。そのわらにアブを付けて歩いていたら、欲しがる子どもがいたのであげたら、その子の母親から代わりにミカンをもらいます。そのミカンを喉の渇いた女性にあげて、その付き人から反物をもらい、反物が馬になり、馬が屋敷になり、最後には大金持ちになるという話です。

要は、**目の前にあることをしっかりやっていると道が開ける**という教訓ですが、勝間さんはこの話をベースに、「キャリアというのは一歩一歩の積み重ね」がたいせつで、「人よりちょっとだけ優れたこと」をするのが成功の秘訣だと力説されました。

私の考えととても近いので強く共感しました。

私の約40年に及ぶ東レでの経験はそれに近いものです。

60歳を過ぎてからも、「目の前のことをきっちり」していくことで、想像したこともない変化が私に訪れるという経験をしました。

数年前にひょんなことから私の家族と仕事のことが「AERA」に取り上げられたのがきっかけです。それを読んだ東京電力の方が自社の幹部向けの講演に私をお招きくださり、その講演テープを聴いたWAVE出版の玉越社長に本を出版するように勧められました。

出版したら、朝日新聞の「ひと」欄に掲載されたり、テレビ朝日、NHK、日本テレビ、テレビ東京などで取り上げられたりしました。

そんなことがあって、「男女共同参画」「ワーク・ライフ・バランス」「障害者」などさまざまなテーマに関する団体やメディアとの交流が広がり、シンポジウムやパネル・ディスカッション、講演などに引っ張り出されるようになりました。その後、いくつかの出版社から本を出し、なかでも『働く君に贈る25の言葉』（WAVE出版）がベストセラーになるという経験にも恵まれました。

こうして、「数年前の自分」と「現在の自分」とでは、知り合えた人の数や活動範囲が劇的に変化しました。大げさかもしれませんが、住んでいる世界がまるで変わってしまったのです。

この話は「成功」とは関係ないので「わらしべ長者理論」とは必ずしも同じではありませんが、「目の前のことをきっちりする」ことと「ちょっとだけ頑張る」ことの積み重ねが、**人生を大きく変えてしまう**ことがあるのだと実感させられます。

私は、これからも「目の前のことをきっちりする」ことを続けていきたいと考えています。それが、充実した人生を送る早道だと思うからです。

研修・勉強は〝自腹〟で

私は、30代の頃から社内外の研修によく出かけていって、意地の悪い質問をしては講師を困らせていました。

会社がその費用を出し渋るので、社外研修は自腹で出かけていったものです。不満もなかったわけではありませんが、自分でお金を払うわけですからなんといっても意気込みが違います。支払ったお金の元をとろうと必死に講師の話に聴き入り、自分の仕事に、自分の人生に、何か付加価値がつかないものかと考え抜きました。

会社がお金を出してくれたら、こうはなりません。用事があれば欠席したり、遅刻しても平気、講師の話もなんとなく聴いているなどということが多くなります。

私は現在、研修を受ける立場から、東レ経営研究所で研修を実施する立場に変わりました。そして、立場が変わったことによって、なおさら〝自腹を切る〟ことの意味を痛感させられています。

私は、研修会であいさつするときに、「研修をいくら受けても役には立ちません。せっかく内容ある研修を受けても、当人はいい話を聴いたと思うだけで、研修が終わればほとんどの人が内容を忘れてしまうからです。しかし、皆さんのなかには、10人に1人か2人、その研修で得たことを自分の現場の仕事に生かす人がいます。そういった人のために私は研修をしているのです」と語りかけることにしているのですが、その「10人に1人か2人」というのは、〝自腹を切った人〟に多いのです。

当社の研修プログラムの一つに「次世代経営者育成塾」というものがあります。

これは、三菱商事、パナソニック、ソニー、川崎重工、東レ、花王、損保ジャパンなどの企業の40代社員の集まりです。そのなかで、最も熱心に参加されたのが、三菱重工の花沢さんという方です。

後で聞いたところ、彼は参加費36万円を自腹で払っての参加でした。いかにももっともな話です。自腹を切れば熱心になるはずです。彼は、全8回のプログラムすべてに出席したうえに、その会のOB会の幹事にもなりました。彼は第4期生なのですが、次の第5期のプログラムにも出席するという熱心さです（OBは、いつでも出席できる権利がありま す）。そして、人脈と知識を増やし、情熱的に現場の仕事にも取り組んでいらっしゃいます。やはり、**〝自腹を切る人〟は強い**のです。

〝自腹〟の効用は、なにも仕事だけではありません。

余談ですが、私の新婚旅行でも〝自腹〟の効用を実感しました。

ヨーロッパ2週間の新婚旅行に行ったのは、1971年のことでした。当時は海外へ新婚旅行する人はほとんどいませんでしたが、私は若いうちにどうしても一度ヨーロッパに行きたかったのです。費用は2人で120万円。私の給料が4万円強でしたから、今のお金に換算すると500万円ほど使ったことになります。一言でいうと、とんでもない贅沢な新婚旅行を企てたわけです。

しかし、それだけのお金を支払ったせいか、最初の訪問地であるパリの街、マドリッドの闘牛やフラメンコなど、一つひとつの光景が今でも目に焼きついています。それなりの金額を自己投資すれば、それなりの収穫を得ることができる一つの証拠だと思っています。

仕事術34

ムリをして体を壊すな——健康が良い仕事の前提

仕事を効率化するうえで大事なのは、何と言っても健康です。そのためにはよく眠ることがたいせつです。

私は、早寝早起きの習慣が身に付いていますが、睡眠時間はだいたい7時間はとるようにしています。朝5時半には起きるので、夜は10時半に寝るようにしているのです。このリズムは30代から変わっていません。

忙しくても、やることがたくさんあっても、睡眠時間はしっかり7時間は確保します。

寝不足は集中力を削ぐからです。

私は、小さい頃身体の弱い子どもでした。男ばかり4人兄弟の次男として生まれましたが、他の3人の兄弟とは違って、すぐ風邪を引く、腹痛を起こすなど、しょっちゅう身体を壊していました。

そのため、6歳で父を亡くしたあと一人で家を支えた丈夫な母親にずいぶん心配をかけてきました。会社に入ってからも私の弱点である喉がしばしば炎症を起こし、3か月に一度は耳鼻科のお世話になっていました。

だからこそ、ことの他健康には気をつけ、運動をしたり、うがいをしたり、睡眠をよくとったり、自らの体を守ることを心がけてきました。

おかげで30代後半以降、今日まで一度も大きな病気をすることもなく、健康を維持することができました。もっとも、自閉症の長男をはじめとする3人の子どもたち、そして、肝臓病とうつ病を併発した妻の世話のため、病気をしている暇もなかったですし、「自分が病気になったら、この家は崩壊してしまう」という緊張感と責任感が、私の体を病気から守ってくれていたのかもしれません。

ともあれ、心身ともに健康であってはじめて集中して仕事をすることができ、成果をあげることができるのです。だからこそ、長時間労働は避けなくてはなりませんし、徹夜などもっての他なのです。その結果、身体を壊してしまったら元も子もないではありませんか。

「努力すれば必ず報われる」「努力は成功につながる」「努力は裏切らない」などといいますが、「努力」の意味を履き違えてはいけません。長時間労働や徹夜は、決して「努力」ではありません。成果をあげるために、**最も効率的な「正しい道」を見つけることこそが正しい努力**なのです。

日本の会社の弱点は、管理職が部下の「努力」と「成果」を正しく評価できていないことにあると私は考えています。長時間のサービス残業をしているから「努力している」と評価したり、単に売上をあげているから「成果を出している」と評価すると間違ってしまいます。

「成果主義」といって、売上や利益の数字だけで評価したがる会社もありますが、そんなものは担当する製品や環境によって大きく変わるものですから、本当の成果主義とはいえません。

部下の個々の事情を冷徹に観察し、部下の「努力」と「成果」を間違いなく捉える能力が求められているのです。管理職がその能力を身に付ければ、部下はムダな残業をやめて心身ともに健康に、集中して仕事に取り組めるようになるのです。

一人ひとりのビジネスマンの立場に立てば、よい成果をあげるためには健康が前提条件であり、その健康は自分で掴み取るしかないということです。長時間労働や徹夜をして身体を壊しても、会社は責任をとってくれるわけではありません。

第4章

佐々木流「独断と偏見のアドバイス」

アドバイス❶

30歳で立つ、35歳で勝負は決まり

会社に入って3年も経てば会社の組織やしくみ、人間関係などがわかってきます。つまり、おおよそ世の中のことがわかるという時期にあたります。30歳にもなると、入社して10年くらい経っているので相当大きな仕事ができているはずです。

そして、35歳になったら、実は部長クラスの仕事もできなくはありません。しかし、日本社会は経験を重視しますし、なんといっても年功序列的ですから、実際に部長になるには一定期間待たなくてはなりません。その間に、さまざまな経験をし、その中から自分が培ったものを再確認しつつ人間の幅を広げていくことになります。

しかしながら、その人のおおよその能力は、35歳で決まってしまっていることを認識する必要があります。ここで私が言いたいのは、人の「成長角度」のことです。35歳にもなると、その人の「人生観」「仕事のやり方」「人との付き合い方」などが固まってきます。

それが、「成長角度」です。

そして、この**成長角度の高い人が、成長角度の低い人に追い抜かれることは絶対にない**という意味で、「勝負は決まり」なのです。

実は、このことを部下に言ったとき、私は36歳でした。もちろん、それほど自信をもってこの言葉を使ったわけではありません。しかし、あとから振り返っても、おおむねこういった考え方は間違っていないと思います。やはり、若いときに成長角度を高めておく努力は人生に大きな影響を与えるのです。

ただ、人によっては**40代後半からじっくり伸びてくる人がいる**ことも事実です。

才能ある人は、若い頃から目立つし成長も早い。一方、それほど目立たなくても、自分に謙虚であったり、人を公平に扱える人は、少し時間はかかるが、ゆっくり持続的に成長していくようです。そういう人に、「35歳で勝負は決まり」と言い切ってしまうのは間違いなのでしょう。

アドバイス❷

「礼儀正しさ」に勝る攻撃力はない

この言葉は、『ビジネスマンの父より息子への30通の手紙』（キングスレイ・ウォード、新潮文庫）の一節です。

「人に会ったらきちんとあいさつをする」「人に世話になったらすぐお礼を言う」など礼儀正しい対応をしていたら、好感をもたれて何事もやりやすくなるということです。

私は、「礼儀正しさだけで東レの役員になれる」と感じたことがあり、部下にもそう言ってきました。

役員とはリーダーです。

そして、私は、リーダーというのは幼稚園のときに教わったことをきちんとできる人だと思っています。

では、幼稚園のときにどんなことを教わったでしょうか。

「人に会ったらあいさつしなさい」「みんなと仲良く遊びなさい」「人を仲間はずれにしてはいけません」「ウソをついてはいけません」「間違ったことをしたら、勇気をもってごめんなさいと言いなさい」――。

私たちは、このような人として基本的なことを幼稚園でたくさん学んだはずです。その**基本的なことをきちんとできる人が「人間力のある人」**であり、人に信頼されてリーダーになりうる人だと思います。

会社で偉くなるには、当然一定のスキルが必要です。しかし、仕事に真面目に取り組んでいる人たちが、スキル面でそれほど大きな差が出るとは思えません。大きな差がつくのは、「人間性」というか「人間力」といったものではないでしょうか。

「人に対していつでも心を開いて受け入れられる人」「自分に謙虚な人」。そのような人こそ、周りの人を惹きつけ、組織をまとめあげることができる「リーダー」ではないかと思います。

アドバイス❸

出勤のとき走る者は仕事ができない

「時間厳守」はビジネスマンの鉄則です。

人を待たせること、特に会議などで遅刻することは絶対に許されません。なぜなら、他人の時間を空費させるからです。

大げさに言うと**「時間泥棒」**なのです。

私は、30代前半のときに、倒産しかけた会社に出向したことがありましたが、そのときに一緒に仕事をした東レ人事部出身の竹林さんというすごい人がいました。いつも会議の10分前に席についているのです。

最初はたまたまかと思っていたのですが、いつもそうで、しかも会議の終了の時間もきちんと守ります。

さらに、会議中に私語をしたら、即座に叱責が飛んできます。ですので、いつも全体に緊張感があって、会議は無駄なく進行していきました。

時間を守る人は、他人の時間を奪わないための工夫や気配りをするし、もちろん自分のタイムマネジメントも優れています。要するに、仕事ができる人なのです。

先日、ある会に呼ばれて講演をしたのですが、最初の主催者側のあいさつが15分間の予定だったのに、なんと2倍の30分も費やしました。

これなどは問題外です。おかげで、次に登壇する講師の持ち時間が15分減ることになってしまうからです。その講師は持ち時間に合わせて準備をしてきたはずです。つまり、主催者は準備してきた時間を奪い取ったに等しいのです。

こういう組織をみていると、「あぁ、この人たちには大きな期待はできないな」と感じてしまいます。おそらく日々の仕事もこれと同じように、計画性もなく、他人のことも考えずダラダラと進めているのでしょう。

私も、長いビジネスマン生活のなかでたくさんの人を見てきましたが、タイムマネジメント能力のない人で仕事ができる人はほとんどいませんでした。**タイムマネジメント能力は「仕事力」そのもの**なのです。

その第一歩は、常に時間に余裕をもって仕事に臨むことです。だから、出勤のときに走っているようではいけないのです。

アドバイス❹

沈黙は金にあらず――正確な言葉、表現に気を配れ

日本人は「暗黙知」をやや大切にする傾向があります。

かつて、あるアメリカ人が、「インド人を黙らせることと、日本人を喋らせることは極めて難題」と言ったそうです。

私は、「暗黙知」を日本の文化として尊重しています。しかし、やはり自分の考えは言葉できちんと表現しないと相手に理解されません。それも相当話しこまないと、誤解や行き違いが生ずるものです。**「言語知」は極めて大切**なのです。

私は考えていることを口に出すほうです。少々相手が気にするようなことであっても、いつも言葉で伝えておけば、相手も「あの人はそういう言い方をする人」と思ってくれます。それに、言葉にすることで意思疎通ができるのですから、心のなかで思っていることを言わないよりもずっとましでしょう。

会社の仕事は、自分だけでする「業務処理」の部分が約40％、残り60％は他人との共同ワーク、いわば「情報処理」です。情報処理を行うためには、コミュニケーション能力が求められますが、そのためには言葉で自分の考えを正確に伝える能力が欠かせません。「会議で自分の考えを述べ、周囲の人達の賛同を得る」「会社の同僚と意思疎通を図る」「家族との正しいコミュニケーションをとる」などは、言葉を交わすことでしかできないのですから、「話し方」に磨きをかける必要があります。

実は、私の会社ではそのための簡単なトレーニングをやっています。

毎週月曜日に朝礼をしているのですが、そのとき社員が順番にスピーチをすることにしているのです。最初は一巡したらやめようかと思っていたのですが、社員が続けてほしいと言ってきました。「なぜか」と聞くと、次の3つの理由を挙げました。

①社員は、皆相互にどんな人か理解しているわけではなく、スピーチを聞いてその人の人柄や仕事ぶりがわかる。
②滅多に回ってこないので、皆一生懸命テーマと内容を考えてくる。そのため、なかなか有益な話が聞ける。
③スピーチを何度もしていると話し方の練習になる。
「なるほど」と思い、現在も継続していますが、たしかに皆、話し方がうまくなっているようです。皆さんの職場でも一度お試しになってはいかがでしょうか。

アドバイス⑤

「多読家」に仕事のできる人は少ない

▼「本を読め」は本当か？

「多読家に仕事のできる人は少ない」

これは、私が30歳の頃に手帳にメモした言葉です。

会社の中に本をたくさん読む人が何人かいたのですが、どういうわけかそういう人で仕事ができる人が少ないと感じていたことを記憶しています。

しばしば、学校の教師や社会的に名のある人は「本を読め」と言います。自分の体験も大事ですが、多くの本を読むことによって、歴史、文化、社会についての知識を獲得して多様な考え方を身に付けることが、優れた人間形成につながるからだと言います。

しかし、会社のなかでは、「仕事ができること」と「たくさん本を読む」こととはあまり関係がなさそうです。むしろ「礼儀正しさ」「誠実さ」「信念や実行力がある」といったことのほうがよほど評価されるものです。本はあまり読まないけれど、朝から晩まで一生懸命仕事をしている人のほうが、会社のなかで偉くなっていくケースのほうが多いのではないでしょうか。

そもそも、仕事のできる人は、次から次へと重要な仕事を任されるから、毎日たいへん忙しくて読む時間がないということもあるでしょう。

▼批判精神なき読書は〝有害〟

本を読むうえで大切なのは、そこに書いてあることが「本当に真実か」ということを冷静に見極める力です。

例えば、「会社は株主のものである」「選択と集中が必須である」「90年代は失われた10年である」といった論調が必ずしも正しくないということは、今ではほぼ常識になっていますが、一時期はこれら正しくない認識が〝当たり前〟のこととして書物に書かれていたものです。

大げさに言えば、**批判精神もなくやたらと本を読むくらいなら、むしろ読まないほうがムダなことを頭に入れないだけ〝傷が浅い〟**とも言えます。

私にも苦い思い出があります。

私は若い頃、ボストン・コンサルティング・グループのPPM（プロダクト・ポートフォリオ・マネージメント）の理論を本で読んで、自分の会社の事業にその理論を当てはめて事業戦略をまとめたことがあります。しかし、少し経ってから、「本当にバカなことをしてしまった」と後悔したものです。

現実の企業で実際に責任ある企業経営をした人なら、「〝金のなる木〟事業には投資をしない」とか、「〝負け犬〟事業はすぐ撤退すべき」などという結論をすぐには出さないのは自明の理です。「自社の営業」「技術の実態」「マーケットやコンペティターの分析」を十分掘り下げて検討し、事業全体について正確な事実を把握したうえで、しかるべき対応策を打つはずです。ところが、私はそうしたプロセスを踏まず、本で読んだ知識をもとに事業戦略を立ててしまった。こんなことならば、ＰＰＭの理論などむしろ学ばないほうがよいくらいです。

もちろん、私は「本は読んでも読まなくてもいい」と考えているわけではありません。もし、そんなことを考えているならこの本を書くはずがありません。

私は、「本はたくさん読むが、仕事はいまひとつ」という人を挑発しているのです。本を多読して「知識」や「スキル」だけ身に付けたところで、何の自慢にもならないということを言いたいのです。手にした「知識」「スキル」を使って何をするか、人とどう接するかが大切なのです。

組織のなかで真のリーダーとなるには、「人間力」と「実行力」が欠かせません。

「人間力」とは、その人の言うことならば素直に聴きついていくという、人間としての魅力のことを言います。そのためには幅広い知識や考え方、人間理解力が必要です。これらは、多くの本を精読することによって身に付けることができます。ですから本を読むことはとてもいいことです。

ただ、〝本を読むだけ〟では何の役にも立たないのです。

実は、「人間理解力がある」というのは悲しいものです。

人を理解すると自分流の仕事観や人生スタイルを押し付けず、結果として仕事の完成度を落とさざるをえないこともあります。そこを飲み込みながら仕事を前に進め、長いスパンで大きな成果を残すのは並大抵の胆力ではできません。こうした**胆力は本を読み、実人生で経験を積むことによってしか身に付かない**と思います。

アドバイス❻

名刺の扱いに気をつけろ

私が経営企画室にいた頃、某県の理事（文部科学省からの出向者）が東レに頼みごとがあって私に面会を求めてきたことがあります。応接室で初対面のあいさつをするとき、彼は「あっ、申し訳ありません。名刺を忘れてきました」と言いました。

この瞬間、私はその人の依頼を聞く気にならなくなりました。

時間をかけてわざわざ上京し、人にものを頼むのに名刺を持ってこないなんて失礼ではないか、と思います。

このように名刺をどのように扱うかで、その人が他人に対してどの程度心を配っているかを推し量ることができます。例えば、名刺をぞんざいに差し出すような人や、私が渡した名刺を大事に扱わない人とは一緒に仕事をする気にはなれません。名刺の扱い方には十分に気をつけていただきたいと思います。

ところで、人は誰でも、名刺を忘れるといったちょっとしたミスをしてしまうものです。だから、ミスをしたときのバックアップを考えておくべきです。

例えば、社外での重要な打ち合わせに向かうときに、その場所を書いたペーパーを会社に忘れてきてしまったとしましょう。あなたならどうしますか？　会社に電話をして、自分の机の上を探してもらうでしょうか。

私は、打ち合わせの予定を手帳に記入するときに、常にその場所と電話番号も書くことにしています。そうしておけば、〝招集状〟を忘れても会社に電話しなくてもすみます。

このように、いつも「バックアップ」をしておくのです。

名刺も同様です。私は名刺入れだけではなく、手帳、財布、定期入れと計4か所に名刺を入れていますので、「名刺がない」ということにはまずなりません。

名刺に限らず、**「忘れる」という前提でバックアップ体制をいつも考えておかねばなりません。**

アドバイス⑦

外国語は最低でも1つはマスターしたい

実は、語学のことは、私が最も触れたくないテーマです。

というのは、私は英語をモノにすることができなかったからです。

プラスチック事業の企画管理部長のとき、事業拡大のためインドネシア、マレーシア、タイ、アメリカ、フランス、中国とたて続けに設備投資をしたことがありました。同時に、アメリカの子会社の役員も兼務していました。

海外での仕事は、英語の苦手な私にとってたいへん苦痛なことでした。なんとしても、短期間に英語をマスターしなくてはならなかったのです。

そこで、50万円を投じて英語ニュースのテープを10日に一度送ってもらい、毎日通勤電車のなかでヒアリングの訓練をすることに決めたのです。50万円といえば大金です。それだけに、必死の思いでチャレンジしたのですが、なかなかうまくいきません。なにしろ仕事が激務で読まなくてはならない書類も多く、通勤電車でテープを聴いている時間すら取れないのです。しかも、元来、私は大の語学嫌いで、学生の頃から英語が苦手でした。結局、努力の甲斐なく英語をモノにすることはできませんでした。

その後、プラスチック事業から他の部署に異動すると、海外の仕事も少なくなり英語からも遠ざかるようになっていきました。そして、結局のところ語学については、東レ社員の水準以下というレベルにとどまっているのが現状です。

「もっと早く、若いときに、せめて英語をマスターしておけばよかったのに」という後悔は人一倍強いのですが、今となっては「後の祭り」です。

私は近年、年に2回は中国に出かけて大学の先生や実業家と話す機会をもっているのですが、やはり通訳を入れて会話をするのはいろいろと限界があります。

語学力は私の最大のコンプレックスですが、今でもそのために苦労している自分を見るにつけ、若い方にはぜひ**英語だけはマスターしてほしい**と思います。

アドバイス❽

酒の失敗は高くつく

酒とはつくづく恐ろしいものです。こんな経験をしたことがあります。

私が営業課長の頃、大阪の新地で職場の仲間と飲んでいたときのことです。隣の席で飲んでいた知り合いの商社の課長がいろいろ話しかけてきたのですが、そのうち酔っ払って私の課の女性の体に触れるという事件を起こしたのです。

その場にいた私の上司は、おおいに腹を立てました。かなり厳しい方で、翌日、その商社の役員に電話でクレームをつけたのです。その商社にとって東レは大切な顧客だったからでしょう、くだんの課長は九州支店に飛ばされてしまいました。

酒に酔って軽い気持ちでしたことが、その課長の人生を変えてしまったのです。実に恐ろしいことです。

なぜ、酒の上での失敗は高くつくのでしょう。

いろいろ理由はあるでしょうが、大声を出すとか、からむとか、その人が普段表現していない別の一面が出てしまって、人をびっくりさせるからではないでしょうか。

つまり、「この人の日常の姿は仮のもので、今の姿が本物なのではないか」「二重人格なのではないか」「この人を信用していいのだろうか」と考えてしまうということではないかと思います。よく「今日は無礼講だから、裸で付き合いましょう」などということがありますが、そんなときに油断をしてはいけません。**お酒はほどほどに**することです。お酒に弱い人は、他人と飲むときに、よほど注意しなくてはなりません。

アドバイス❾

「今いる会社」は最終の職場ではない

これはいわくつきのアドバイスです。

部下に「東レは最終の職場ではない」というアドバイスをしたところ、このフレーズを面白がって他課の人に見せて人事部の知るところになり、「君は転職を勧めるのか」とクレームがついたことがあるのです。

もちろん転職を勧めたわけではありません。でも、人によっては、会社や仕事が自分と合わずにやむをえず会社を辞めることだってあります。そういう日のことも考えて、「**他の会社へ転職しても通用するスキルを磨いておきなさい**」ということを言いたかったのです。その会社にずっといられれば、それはそれでいいのです。

しかし、特別なスキルを身に付けておかなければ、辞めたくとも辞められないという状況になりえます。それでは、あまりに不本意ではありませんか。

先日、学校でいじめにあい「もうこれ以上頑張れません、さようなら」という遺書を残して自殺した小学生の記事が出ていました。なんとも気の毒な事件です。

このようなとき、周囲の人はすぐ「もっと頑張りなさい」と励まします。しかし、そのために当人は追い詰められて自殺してしまうこともあるのです。

なぜ、逃げることを教えないのでしょう。ひどく辛い思いをしてまで、そこにとどまる必要はないのです。その学校をやめ転校することができれば、その小学生には別の人生があったような気がしてなりません。

会社も同じです。

自分に合わない会社なら辞めて他の仕事を選べばよいのです。ただ、社会人の場合、自分に転職できるだけのスキルがなければ、逃げることすらできません。だから、

「今いる会社は、最終の職場ではない」

と考えて、日々研鑽に努めるべきなのです。

アドバイス⑩

相手の目線にあわせたコミュニケーションを

よく「あの人は女性の使い方の上手な人だ」という言葉を使う人がいますが、そんな人

はいません。女性の使い方だけが上手な人などはおらず、女性の使い方の上手な人は、「上司の使い方」も「部下の使い方」も上手なのです。

要は、相手の目線に立って、あるいは相手の立場に立って話をしたり聞いたりできる人かどうかということだと思います。

これをやるためには、コミュニケーションに時間をかける必要もあります。**じっくり話を聞かなければ、相手は心を開いてくれない**からです。

私は課長時代に、年に2回ほど全課員との面接をしていましたが、そんなときには、部下ひとりにだいたい2時間かけて話し合っていました。

最初に家族や友人のことを聞きます。話の成り行きによっては恋人のことについて聞くこともありました。

そんな話が一巡したところで、ようやく仕事の悩みや同僚との人間関係などについて聞くようにしていました。

もちろん、立ち入った話は避けなければならない人もいますが、「相手のことを理解したい」「なにかアドバイスをしてあげたい」という気持ちが相手に伝われば、プライベートな話も打ち明けてくれるようになるものです。

20年前に部下だった女性から来た年賀状に、「あの頃、佐々木課長との面接が待ち遠しくて、楽しくて、懐かしくて」と書いてあるのをみて、とても嬉しく思いました。「仕事」以前に、ひとりの人間として信頼関係が築かれていれば、毎日の会社生活で起こる小さな問題は障害にならないのではないかと感じます。

アドバイス⑪
家庭とコミュニティに責任を

かつて、自閉症の長男のさまざまなトラブルで、毎月のように学校へ出かけて、教師や他の親たちと話をする日々が続いた時期がありました。

ところが、ＰＴＡに行っても父親の姿は見当たりませんでした。

「自閉症者の親の会」に出掛けても、幹事役や参加者の大半は母親でした。そのような経験をするうちに、「父親は会社へ行って仕事をしているだけでいいのだろうか」「どうして学校や地域社会に無関心でいられるのか」「どうして皆、母親に任せっぱなしにするのか」ということを考えさせられました。

そして今、このことを一層強く思わずにはいられません。

たしかに「父親は仕事を、母親は育児家事を」という役割分担の仕方もあるでしょう。しかし、子どもの躾や教育に父親の存在は欠かせませんし、女性の社会進出が進んだことによって、母親も働くケースは次第に多くなってきたのですから、父親が育児や家事を相応に分担するのは当然のことです。

それに、私は女性ばかりの「自閉症者の親の会」の副会長をしていましたが、女性と男性とでは、問題の「捉え方」や「考え方」が異なっているので、男性としての私の意見が尊重される場面も何度かありました。

近年、「ダイバーシティ」という言葉がよく使われるようになりました。「多様性」という意味です。会社という男性社会のなかに女性が進出することでダイバーシティの効果を求めるのならば、他方で、家庭や地域社会という女性社会に男性が加わることでもダイバーシティの効果を得るべきだと思います。

アドバイス⑫
出世は「人間性」「能力」「努力」のバロメータ

私の時代は、だいたい同期が一斉に課長に昇格するという、一種、牧歌的な年功序列の時代でした。

そんななか、課長に昇格したときに、「この後、きっと出世競争が始まるんだ」という思いで「出世は人間性、能力、努力のバロメータ」というフレーズを書き留めました。

近年、出世に否定的な人が増えていると聞きます。もちろん、出世だけが人生ではありません。ただ、忘れてほしくないのは、能力があったり、努力したり、人間性が優れていれば、やはり出世していくものだということです。偉くなれるかどうかは「**全人格的競争の戦い**に勝利できるかどうか」ということでもあるのです。出世することは、それはそれで大事なことなのです。

それに、課長から部長に、部長から取締役に昇進してその地位につけば、明らかに周りの風景が変わって見えてきます。その風景は結構見ごたえのあるもので、またやりがいのあるものだと思います。

アドバイス⑬

友達は大事にしよう――友情は手入れが必要

私の同期入社は、東京出身者が多かったのですが、東レの主力事業である繊維部門は関西が中心で、入社後の配属先が大阪という同期がたくさんいました。

学生時代に付き合っていた恋人とは遠距離恋愛になりますので、入社後2〜3年すると恋人と別れるケースが多発しました。恋人との関係を続けたければ、それなりの努力がいるということです。

これは、友達にも言えることです。

私は、入社して約20年にわたって大阪で働いていましたが、経営企画室に異動になって20年ぶりに東京へ戻ることになりました。私は東京で過ごした大学時代にワンダーフォーゲル（ワンゲル）部に所属していて、仲間たちとは兄弟のように山に行き、酒を飲み、哲学を語りあったものでした。

それなのに、卒業してから一度も同窓会をしていないというのです。

仲間のひとりが、「佐々木が東京に戻ってきたから、彼なら同窓会をしてくれるだろう」と言ったそうです。そこで私は、転勤後間もない2月の第4金曜日に、ワンゲル仲間に集合をかけました。東レの社員クラブに招待したのです。

そうしたら、30名の仲間が来るわ来るわ。岡山から、高松から、大阪から続々と集まってくれました。そのうちのひとりが、「6時開始というのは遅い。もっと早く集まろう」

と言い出し、約半数の仲間は4時に東レの応接室に集まってきました。20年ぶりの再会に大騒ぎとなり、受付の女性に注意される始末でした。

その後、6時に同窓会が始まり、9時過ぎに場所をかえて2次会、3次会と深夜に及びました。そして私は、同窓会を毎年その日時、つまり2月第4金曜日6時に東レ社員クラブで行うことに決めました。

その会は昨年で20回を数え、別名「佐々木会」と呼ばれています。どんなに仲のよい友達でも、会う機会をもたなければ疎遠になってしまいます。

親しかった人、お世話になったお客様などには、ときどき電話をかけたり、年賀状を出したり、コミュニケーションをとるべきでしょう。そういう人たちは自分の財産なのですから。友情には手入れが必要ということです。

アドバイス⑭

人生に必要なのは「勇気」と「想像力」と「Some Money」

これは確か、チャップリンの箴言だったと思います。

しかし、「勇気をもて」といわれても、生まれもった気質によって大きく左右されます。私のような楽天的性格を親から譲り受けたものは、何があってもすぐに勇気をもって明るく前向きに対応するでしょうが、もともと物事を悪く考える人は悲観的になってしまうでしょう。それなのに、ムリに「勇気をもて」と言ったら、逆にその人を追い込んでしまいかねません。私は、「人生で勇気があったほうが良いが、なくても仕方がない」と考えています。

むしろ、私がここで言いたいのは、「Some Money」ということです。

私が課長をやっていた当時、私の周りの若い人たちは残業もたくさんするが、仕事が終わったあとよく連れ立って飲みにいってました。その結果、結構多額の飲み代になり、貯金もほとんどないという人が多かったのです。

私は父を6歳で亡くしました。そのため、4人兄弟は母の手ひとつで育てられ、お金には苦労しました。大学入学後は一度も親からお金をもらわずに自力で乗り切ってきましたから、私はずっとお金をとても大事に扱ってきました。

会社の仕事や人間関係で壁にぶつかったときには、もちろん全力でそれを乗り越えるべく努力をする必要があります。それでも、どうしても乗り越えられないときには、会社を辞めるという選択肢だってあります。しかし、そのようなときにも、ある程度のお金がなければその決断はできません。あなたが**自分の人生を切り拓くため**にも、「Some Money」は必要なのです。

また、突然の家族の病気や、実家や友人の関係でお金が必要になるということもあります。そんなときにも、「Some Money」がなければ、自分がしたいこと、してあげたいことができません。それは、惨めなものです。

いつでも、いくばくかの蓄えをもっていたほうがいいのです。

第5章

ワーク・ライフ・バランスが強い会社をつくる

▼誤解されている「ワーク・ライフ・バランス」

最近、多くの会社でワーク・ライフ・バランスを求める声が上がり始めています。経営層からも、組合側からも声が上がっているように見えます。しかし、経営者のなかにはまだまだ口だけで、本心ではない方もいらっしゃるように見受けられます。

私は、ワーク・ライフ・バランスのモデルケースとして、よく講演やシンポジウムに招かれますが、そのなかで多くの経営者の方々と接する機会があります。すると、「本気かな？」という方にめぐり合うことがあります。建前では「ワーク・ライフ・バランスを進めるべき」といいながら、まだ本音ベースではそこまでの意識になっていないことを感じるのです。

それには、いくつかの理由が考えられます。

第一の理由は、「職場の多忙さが日本企業競争力の源泉」という考え方です。「他の会社よりもたくさん働くことによって、差別化ができるのではないか」といった、いわば〝高度成長期の感覚〟が依然としてあるということです。たしかに高度成長期は、人より少しでも多く働けば成果があとからついてくる時代でした。しかし、もうそんな時代ではありません。

第二は、「寝てもさめても仕事のことを考えることによって、人は育ち、仕事にも幅ができる」という研究開発型の発想です。ノーベル賞を受賞した科学者が話されるたぐいの考え方です。

第三は、ワーク・ライフ・バランスの考え方を進めると、社員が育休をとったり、出産して短時間労働になったりするので、「企業にとってコストアップが生ずる」という、いかにも経営者的な発想です。

この他にも、非正規社員がだいたい定時で帰ってしまうので、正社員が残業して仕事の穴埋めをしなければ、全体の仕事がまわらないという事情もあるようです。

これらの考え方は煎じつめると、「社員を一度採用してしまえば終身雇用で定年まで働いてもらうことになる。だから、いわば投資してしまった設備のようなもので、目一杯フル稼働させて投資額を回収しなければならない」ということに他なりません。

この根本的な考え方を改めなければなりません。

なぜなら、**社員は「設備」ではありませんし、目一杯フル稼働させれば成果が生まれる**

というわけでもないからです。

本書の第1章〜第3章でタイムマネジメント術のアイデアをご紹介してきました。いろいろ書いたのですが、**タイムマネジメントの本質は「真に重要なものは何か」を探り当てること**にあります。「たいして重要でもない仕事に時間をとられて、大事なものを見失うな」ということです。

そして、真に「大事なもの」を見極めて、効率的に仕事に取り組めば確実に成果が生まれるのです。「目一杯フル稼働」させることは、むしろ「大事なもの」を見えなくしてしまうのでとても危険なのです。

▼「人生のタイムマネジメント」が必要

では、「大事なもの」とは何でしょうか?

これを考えるためには、「仕事のタイムマネジメント」の前に**「人生のタイムマネジメント」**というもっと大きなテーマについて考える必要があります。

かつて、弊社の東大を卒業した優秀なエコノミストの40代の女性との会話のなかで、ドキッとする言葉を聞いたことがあります。

「英会話教室の女性の生徒9人で盛り上がったのですが、そのとき、9人中7人が、『旦那が60歳の定年を迎えたら、旦那には死んでほしい』と言ったんですよ」

彼女のご主人は家事も手伝うし一緒に旅行にも行きますので、彼女は、「死んでほしい」とは思わない〝貴重な2人〟のうちのひとりというわけです。まぁ、友人どうしお互いの主人の悪口を言い合い、盛り上がったところで少しオーバーな表現になったというところでしょうが、家事も育児もせず、仕事一辺倒の亭主の姿をみて、彼女たちの心の片隅にそういう意識があるのも事実なのでしょう。

以前、『熟年離婚』というテレビドラマがありました。渡哲也さんが定年を迎えた夫、松坂慶子さんがその妻という配役。タイトルにも興味がありましたし、私は松坂慶子さんのファンでもあるので、毎回そのドラマを視聴していました。

定年を迎えて会社で最後の日を迎えた夫。職場からは感謝と尊敬の念を込めて（と本人は思っている）送り出されて、帰り道で妻への感謝のプレゼントの品を買い、2人で行く海外旅行のチケットを持って家路に着きました。

今までは、仕事一辺倒の生活で、家族との交流も少なく、妻にも負担をかけ続けてきました。「さあ、これからは妻と2人仲良く映画を見たり、旅行に行ったり、楽しい老後をすごそう」という気持ちです。

しかし、現実は厳しい。

妻は結婚以来、仕事一筋の夫のおかげで出産、育児、家事などをすべてひとりでこなしてきました。それに、マンション生活が夢だったのに夫は妻の希望も聞かず、さっさと一戸建てを買ってしまいました。〝仕事人間〟の夫との距離は広がるばかりだったのです。

そして、ついに彼女は離婚を決意します。それも定年退職のその日に。これから新しい生活をスタートさせようと思っていた夫の前に差し出されたのは離婚届だったのです。

ドラマですので、それなりにコミカルに仕上がっていますが、先の女性エコノミストとの話と並べてみると、なんとも笑えないブラックジョークの趣があります。

「仕事、仕事」とやっきになっても、定年になったら命をかけた仕事から離れるのです。離れたら、どこに行くつもりなのでしょうか？　仕事以外に、自分が拠るべき場所をきちんと用意しているのでしょうか？

ドラマ『熟年離婚』のなかでは、妻とのシビアなやりとりの他、息子の話も何度か登場します。息子は年上の子連れの女性と付き合っていて、いずれ結婚したいと考えています。印象的なのは、それを知った父が、いきなり息子を殴りつけるシーンです。「年上のバツイチの女と結婚しようなどと非常識だ。許せない！」というわけです。私はこのシーンをみていて、「なんと可哀相な男だろう」と思いました。どうして、前後の事情も聞かず、いわば形だけをとらえて、自分の家族の生き方に真正面から反対するのでしょうか？　なぜ、息子がそこに至った気持ちを訊いてあげないのでしょうか？

妻に対しても、子どもに対しても、**同じ目線で対話**をすべきではないのでしょうか？

それが家族というものでしょう。

この男は、「俺は、会社で大きな仕事を残した。皆から尊敬と感謝の気持ちで送ってもらえた」と言っていますが、私はそうは思いません。家族ときちんと向き合えない人が、会社で部下や同僚ときちんと向き合えるとは思えないからです。

彼は、家族に対してと同じように、部下にも自分の一方的な考え方を押し付けてきたような気がしてなりません。

私は、彼が「本当に大事なもの」が見えていなかったのだと思います。もし、彼が「家族」という本当に大事なものが見えていれば、働き方も違ったものになっていたはずです。

▼個人も会社も成長する「ワーク・ライフ・バランス」

ワーク・ライフ・バランスを一言で説明するならば、「個人も会社も、共に成長する生き方、働き方」のことです。

なぜ、今ワーク・ライフ・バランスなのでしょうか。理由は大きく3つあります。

①社員満足度を高める

まず何よりも、ワーク・ライフ・バランスは社員の満足度を高めます。

仕事を定時に終えて自分の好きなことができます。本を読んだり、映画をみたり、友人と話をしたり、そして最も大事な家族とのコミュニケーションがとれます。こうしたことが、**社員一人ひとりの「頑張る気持ち」につながる**のです。残業続きだと身体が疲れて満足度が下がり、「頑張る気持ち」も萎えてきます。一方、定時に帰ることができれば身体の調子もよくなります。体調がよければ、いいアイデアも出ます。その結果、会社にとってもプラスになるのです。

私は現在、週に何回かジムに通っています。ランニング・マシーンで汗をかき、ストレッチをして、プールで泳ぎます。それに、1日最低1万歩は歩くことにしています。体調はすこぶるよいし、このごろ記憶力がよくなったと感じています。

人の名前や地名、読んだ本の名前などがすぐに出てくるようになりました。あるお医者さんが、「運動は脳に刺激を与え、活性化させる」といっていましたが、それは本当だと実感させられます。

②生産性を上げる

次に、ワーク・ライフ・バランスによって確実に生産性があがります。

例えば、私のように、子どもの夕食をつくるために、どうしても夕方6時には会社を出なくてはならないという境遇の人間は、朝早く会社に来て、猛烈なスピードで仕事をせざるを得ません。のんびり会議に出たり、資料をつくっている余裕はないのです。読む必要のない書類はどんどん飛ばし、時間のロスをなくすためにスケジュール管理もしっかりやらなければなりません。

つまり、ワーク・ライフ・バランスを実現しようとすれば、社員はおのずから、確実に生産性が上がる方法を選ぶのです。会社の仕事はチームプレーですから、そういう社員が増えれば、組織全体の生産性向上に必ずつながります。その結果、**企業の競争力が強化されるのです。**

会議の数が多いとか、会議の時間が長いというのは、その会社の老齢化を表現していると考えてまず間違いありません。

③優秀な人材が集まり、定着する

最後に、ワーク・ライフ・バランスを実践している会社には、優秀な人材が集まってくるということがあります。

そういう企業は「働きやすい会社」として世に知られることになりますので、新卒・中途を問わず入社希望がたくさん寄せられます。その結果、優秀な人材を採用することができるのです。

そして、実際に入社してみて、同僚の満足度の高さや働きやすさを実感することによって、優秀な社員の定着率が向上していきます。

ワーク・ライフ・バランスの３つのメリット

❶社員満足度を高める

仕事を定時に終えると、社員は自分の好きなことができる。本を読んだり、映画をみたり、友人と話をしたり、家族とコミュニケーションをとったり……。こうしたことが、社員一人ひとりの「頑張る気持ち」につながる。体調もよくなり、いいアイデアも生まれる。その結果、会社にとってもプラスになる。

❷生産性を上げる

ワーク・ライフ・バランスを実現しようとすれば、社員はおのずから、確実に生産性が上がる方法を選ぶ。会社の仕事はチームプレイだから、そういう社員が増えれば、組織全体の生産性向上に繋がる。その結果、企業の競争力が強化される。

❸優秀な人材が集まり、定着する

「働きやすい会社」として世に知られることによって、新卒・中途を問わず入社希望がたくさん寄せられる。その結果、優秀な人材を採用することができる。そして、実際に入社してみて、同僚の満足度の高さや働きやすさを実感することによって、優秀な社員の定着率が向上していく。

一般に、出産・育児のために女性社員の70%が退社していくといわれています。入社して10年ほど経ち、「さあ、これから会社に貢献してもらおう」という矢先に、女性社員が辞めていってしまうわけです。その代わりに新入社員を採用して、また一から教育投資をしなければなりません。大きなムダといわざるをえません。

「働きやすい」という評価を獲得した会社では、社員も会社も成長していきます。なぜなら、**社員が会社に誇りを持ち、仕事の生産性が向上することによって「強い会社」になっていく**からです。

▼ダイバーシティの実現が難しい「日本という国」

しかし、ワーク・ライフ・バランスは会社にとって意味があるというだけではありません。もっと広くて大きな意味があります。それは、**ダイバーシティ社会（多様性のある社会）をつくっていく**という意味です。つまり、ダイバーシティという大きな概念のなかに、ワーク・ライフ・バランスは包含されるのです。

ダイバーシティとは、簡単にいうと「多様性の受容」という概念です。発祥の地はアメリカです。人種や宗教、性別などの差を「差」として認めつつ、全体として調和のとれた世界をめざそうという理念から生まれたものだと考えられます。アメリカは、白人、黒人、ヒスパニックなど、さまざまな人たちが混合している国ですので、ダイバーシティを進めなければ社会が混乱するという、さし迫ったニーズがあったのではないでしょうか。

そして、そのダイバーシティの考え方が、男女間の問題や個人の価値観や生き方の問題にも及んでいったのでしょう。

では、アメリカとは違って、人種的・宗教的な問題の少ない日本では、容易にダイバーシティの考え方を普及させることができるでしょうか？　どうも、そうではなさそうです。

というのは、日本は均一性が高く、貧富の差もあまりないがために、ちょっとした差が大きな差異として感じられてしまうという現象が起こるからです。そして「ちょっとした差」を排除する力が大きく働くことがあるのです。

例えば、「出身地の差」「出身大学の差」「所属組織の差」「給与の差」などを鋭く感じるところがあります。

企業にもよりますが、多くの会社では、技術系の人は技術系の人、営業系の人は営業系の人で固まってしまいがちです。昼食時間になると、なんとなく技術系同士、営業系同士で食事に行ってしまうシーンをよく見かけます。あるいは、企業合併をしても、いつまでも以前の会社のしがらみを抱え、なかなか融和しないというのもよくある話です。

このように、日本人は「ちょっとした差」に敏感で、同質性の高い者同士で固まってしまいがちなのです。つまり、〝非ダイバーシティ的社会〟なのです。

▼ダイバーシティのない社会・組織は弱い

しかし、ダイバーシティのない社会や組織は脆弱です。

例えば、こんな経験をしたことがあります。

かつて、私はある会社の株主総会に出たことがあります（東レがその会社の株主だったためです）。当時、その会社はゴルフ場経営の失敗によって数百億円の損失を計上し、株主総会は大荒れの模様となりました。

総会でひとりの株主が質問に立って、経営陣に対する責任を求めた後に、「慶応出身者は立て」と言い放ちました。すると、ゾロゾロと半分以上の人が起立しました。そして、その株主は、「慶応出身者ばかり役員にするからこんなことになるのだ」と言いました。この発言は、合理性や説得力のある言葉ではないかもしれませんが、しかし、一つの真理を突いています。

同じような環境で育ち、似たような考え方をもつ**「モノカルチャーの集団」は、異質な考え方を採り入れない傾向があるため、組織全体としては弱体化するおそれがある**のです。

モノカルチャーの集団では、「どうしてそんな当たり前のことを訊くのか」という発言を耳にします。しかし、それが本当に当たり前のことなのか疑わしいことがあります。「当たり前」と思っていることが、実は、同質性の高い者ばかりに囲まれているために知らず知らずのうちに陥ってしまった「偏見」かもしれないのです。

私も、中途入社した社員から、「どうしてこんな会議を毎月のように3時間もかけてやるのですか?」「どうしてこのような分厚いリポートを毎週書かなくてはならないのですか?」といった質問を受けたことがあります。自分の組織のなかで「当たり前」と思っている文化・風土でも、他の組織の目で見ると、ぜんぜん「当たり前」ではないということがあります。

こういう発言を受け入れることができる社会・組織は強い。

だから、ダイバーシティは大事なのです。

▼女性はダイバーシティを促進させる

女性と男性では当然、生き方も考え方も違うところがあります。

日本では長い間、「男性が働き、女性が家庭を守る」という役割分担がされてきましたが、近年、女性の社会進出が続き、今では結婚しても共に働く夫婦が増えてきました。しかし、出産・育児の過程で約70％の女性が退社していきます。子どもが少し大きくなってあまり手がかからなくなると、再び働き始める女性もいますが、そのときには非正規社員としての採用が多いのが実情のようです。

そこで、大企業を中心に、育児休暇やフレックス・タイム、短時間労働といった子育て支援制度を充実させつつあります。せっかく女性が会社の戦力となり、これから活躍してもらわなくてはならないというときに辞められるのは、会社としてつらいですし、不合理だという考え方が背景にあります。

これは、もちろん正しい考え方なのですが、私が「女性を会社の大きな戦力として活用しよう」と主張するのには、少し違った理由があります。

まず一つ目は、ダイバーシティの観点からです。

例えば、私の本を読んで、自社で講演してほしいと依頼してくるのはほとんどが女性です。もちろん、男性でも私の話に共感してくれる人はいますが、講演を依頼してくるようなことはあまりありません。

なぜ、男性は動かないのでしょうか？　そこには会社の雰囲気や常識みたいなものがあって、それに逆らうような企画は「面倒くさいので、やめておこう」といった独特の心理が働くからでしょう。一方、女性はそういうものに逆らうというか、「新しい考え方を会社のなかに持ち込み、一石を投じてみよう」という感覚が働くのだと思います。

つまり、**女性は男性社会のなかに異質な考え方を持ち込んでくれる**のです。「会社の〝常識〟が変だ。変えよう」という運動が起こることは、その企業にとって大きな活力につながります。なぜなら、企業は常に変革していかなければ、老齢化してしまうからです。

もう一つの理由は、**「子育てという大事業を行った女性のスキルを活用しよう」**ということ。子育てとは、多くの男性が思っている以上にたいへんな仕事なのです。

子どもとは実に理不尽な存在で、いつ泣き出すかもわかりません。すぐに這い回ってどこかへ行ってしまうし、その辺のものをすぐ口に入れてしまいます。ようやく寝入ったので、買い物に行こうとすると起きたりします。

そのため、子育てには、優れたリスク管理能力とタイムマネジメント能力が欠かせないのです。そのような子育てを1年間体験してきた女性のスキルを会社が活用しない手はないのです。

育児休暇中の女性の評価を巡って、「その期間の本人の評価を下げるべきか、維持すべきか」という議論になりますが、私は、通常の会社生活では得られないスキルを身に付けられるのだから、逆に評価を上げるべきだと考えています。

これは、実際に北欧の国では実践していることなのです。

『経産省山田課長補佐、ただいま育休中』（日本経済新聞社）を書いた山田正人さんとパネル・ディスカッションをしたことがあります。彼は、男性キャリア官僚としては珍しく育休をとった人物です。その話がすこぶる面白い。育休をとるまでの周囲の冷たい（？）

反応、子どもを育てる苦労と楽しさ、育休中の新たな発見、そして役所仕事の大きなムダの再認識など、ユーモアを交えてのプレゼンテーションに会場は何度も大きな笑いに包まれました。

山田さんは1年間育休をとって職場に復帰してからも水曜日、金曜日は定時退社していました(月、火、木は奥さんの当番)。そこで見た役所の仕事のやり方への感想が面白い。「残業を当然の前提にした仕事の進め方と密度」「家庭責任を負わない者につかまる不快感」「チームワークがもたらすアンチ・ワーク・ライフ・バランス」。要は一言で言うと「なんでダラダラ働いているのか」という感想と怒りなのです。

私が彼の上司なら、育休のときの得がたい経験と周囲の抵抗のなかで自分の生き方を貫徹した勇気を大いに評価し、責任あるポストに付けたいと考えるのですが……。

▼異質な意見のぶつかり合いがイノベーションを生む

このように、女性はダイバーシティを促進する大きな力をもっています。

ただ、ここで誤解していただきたくないのは、企業が女性（あるいは外国人）を活用することがダイバーシティ・マネジメントではないということです。たしかに女性や外国人は、日本人男性とはかなり違った面をもっているので、ダイバーシティに直結します。しかし、「ダイバーシティ＝女性・外国人」と位置づけてしまうと、問題の本質からそれてしまうのです。

原点に戻って考えましょう。そもそも、なぜ今ダイバーシティ（多様性の受容）なのかというと、異質な人の集団のほうが、同質な人の集団より発展するからです。

フランスのサルコジ元大統領は、「大統領のスタッフに、どんなことを求めますか」という質問に対し「多様性だ」と答えたことがあります。

彼は、女性や外国人を入れるべきだということを言ったのではありません。考え方の違うスタッフを揃えることによって、政治や経済を多面的にとらえ、それを自分が調整していくことが、フランスの国民にとってプラスであると判断しているのです。これは正解だと思います。

会社の仕事でも、新製品開発や業務改革などのテーマは、**異質な意見のぶつかり合いのなかからイノベーションが生まれてくる**ものです。これが同質的な組織であれば、一定のパターンのものしか生まれてきません。

一つのテーマについて議論するときには、意見の対立や衝突、英語でいう「コンフリクト」を通じてこそ、新しいものが生まれてくるチャンスが広がるのです。

ところが、一般の組織ではこのコンフリクトを嫌うというか、避けようとしがちです。大きなエネルギーがいるし面倒くさいからです。しかし、**コンフリクトによって生み出されるものは、それに費やすエネルギーよりも大きな成果を生み出す場合が多い**のです。

私は入社以来、「少し変わっている私を認めてほしい」といつも思ってきました。

私は、自分の生き方を大切にしたいし、自己主張を受け入れてほしかったのです。そして、それをさまざまな職場で主張してきました。いわば、「ダイバーシティ経営をしてほしい」と念じ続けてきたのです。

だから、ダイバーシティが叫ばれだしたときに、「自分の主張そのものだ!」と両手を挙げて賛成したのです。ダイバーシティは女性や外国人の問題ではなく、日本人の男性も含めた一人ひとりの問題なのです。

逆に言えば、ダイバーシティ社会を生き抜くためには、一人ひとりが「自分とは何か」

「自分は何をしたいのか」「自分のブランドは何か」などといったことを明確に保持していなくてはなりません。

「社風に染まり、先輩の言うことに盲目的に従い、皆と仲良くやっていく」という考えではダイバーシティ社会を生きていけません。そして、そのような社員を多く抱えている企業は、間違いなく衰退していくことになるでしょう。

最後にちょっとご紹介したい話があります。

私はさまざまな会社や自治体で主としてワーク・ライフ・バランスに関する講演をしてきました。そのなかでも、かつてホンダで行った講演会のやり方はホンダらしいユニークなものでした。

まず、働き方について福井威夫社長（当時）と私の対談を行い、いわばワーク・ライフ・バランスについてのトップのメッセージを全社員に発信し、同時に本社と研究所の2か所で私の講演会をするという企画でした。

その対談のとき、福井さんが新入社員に投げかけた興味深いメッセージを聴きました。

「入社してホンダウェイを学ぶのもいいだろう。しかし君たちが何かをもってこなければ明日のホンダはない。ホンダを変えることに君たちの価値がある。ホンダのために働くと考えること自体すでにホンダウェイではない。人はなんのために働くかというと、会社のためではない。自分のために働くのだ。それはいつの時代でも、世界中どこでも共通なことだ」

私の持論と同じ内容で大変感激しましたが、ここまで言い切れる経営者はそう多くはないでしょう。

ワーク・ライフ・バランスやダイバーシティを進めていくと、仕事を通じて自己実現することが会社に貢献していくことにつながります。

すなわち、ワーク・ライフ・バランスやダイバーシティは、個人も会社も共に成長する「経営戦略」なのです。

ポケット・シリーズ
あとがき

本書の初版を出したのは、２００９年のことです。

私にとってはじめてのビジネス書でした。

出版社から、

「家族を守るためにさまざまな制約があるなかで、どのように効率的に仕事をしたのか、そのノウハウやスキルをまとめてほしい」

という依頼を受けたのです。


本書に書いたことは、私が何十年もやってきたことですから、それほど苦労せず書けました。この本の内容はすべて、私が会社生活の実務のなかでその有効性を実証してきたことですから自信もありましたから。

ただ、書きながら、違和感も感じたものです。

たしかに「効率的仕事術＝スキル」は大事ですが、しかし、スキルだけでは仕事はできない……、という思いでした。


実際、本書を出して以降、たくさんの方から、

「効率的に仕事をこなすコツを教えてください」

と聞かれたのですが、その質問される人が求めているのは「デッドライン仕事術」や「タイムマネジメント術」などといったいわば小手先のノウハウでした。

もちろん、そうした技術も必要ですがもっと大事なことがあります。

それは効率的に仕事を進める根本は、

「物事の軽重を把握すること」

にあるということです。つまり、

「仕事のタイムマネジメントとは最も大事なことは何かを正しく掴むこと」

です。重要な仕事を優先し、瑣末な仕事は捨てるのです。

さらに、仕事をしていく上で大切なことは、あなたがこの人生で大事にしたいものは何なのか、自分の人生の目的を明確にすることです。

自分はどんな人間であるか、

どんな仕事や生活をしたいのか、

どんな人生を目指したいのか——。

このことを、スティーブン・R・コヴィーは『7つの習慣』（キングベアー出版）で、

「ミッション・ステートメントを作りなさい」

と言っています。

そして、このことを決めるのは、あなた自身です。

なぜなら、あなたの人生の主人公はあなたなのですから。

仕事にかける、家族にかける「思い」を明確に持って、人生に向かうことが大事で、その「思い」が本物であれば、そのためのスキルやノウハウは後からついてくるものです。

今回、ポケット版として装いも新たに本書を出すにあたって、このことを強く読者の皆

様に訴えたいと思いました。
そして、自分がどんな人生を送りたいのかを真剣に考えるきっかけにしていただければと願っています。

2013年3月

佐々木常夫

佐々木常夫 Tsuneo Sasaki

秋田市生まれ。1963年秋田高校卒。1969年東京大学経済学部卒業後、東レ株式会社に入社。繊維事業企画管理部長、プラスチック企画管理部長、経営企画室長などを経て2001年東レ取締役、2003年（株）東レ経営研究所社長、2010年から（株）佐々木常夫マネージメント・リサーチ代表取締役。

自閉症の長男を含む3人の子どもの世話と、肝臓病とうつ病に罹り40回以上の入院を繰り返す妻の世話に忙殺される状況の中でも仕事への情熱を捨てず、さまざまな事業改革に全力で取り組む。東レ3代の社長に仕えた経験から独特の経営観を持つ。

内閣府男女共同参画会議議員や経団連理事、東京都の男女平等参画審議会の会長、大阪大学法学部客員教授などの公職も歴任。

著書に『ビジネスマンが家族を守るとき』『そうか、君は課長になったのか』『働く君に贈る25の言葉』『リーダーという生き方』『働く女性に贈る言葉』（以上、小社刊）、『社会人1年目の君に』『上司力 × 部下力』（宝島社刊）、『働くのがつらいのは君のせいじゃない。』（ビジネス社刊）、『40歳を過ぎたら、働き方を変えなさい』（文響社刊）などのベストセラーがあり発行部数は150万部を超える。

2011年ビジネス書最優秀著者賞を受賞。「ワーク・ライフ・バランス」のシンボル的存在と言われている。

オフィシャルWEBサイト　http://sasakitsuneo.jp/

ポケット・シリーズ

部下を定時に帰す仕事術

「最短距離」で「成果」を出すリーダーの知恵

2013年 3 月27日　第1版第1刷発行
2020年 3 月 3 日　　　第10刷発行

著　者　佐々木常夫

発行所　WAVE出版
〒102-0074 東京都千代田区九段南3-9-12
TEL 03-3261-3713　FAX 03-3261-3823
振替 00100-7-366376
E-mail : info@wave-publishers.co.jp
https://www.wave-publishers.co.jp

印刷・製本　萩原印刷

NDC336 207p 18cm ISBN978-4-87290-615-8